中国交通教育研究会职业教育分会推荐教材

高等职业院校船舶技术类专业教学用书

高等职业教育规划教材

船舶舾装生产管理

【船舶舾装专业】

刘雪梅　主　编
王宏智　副主编
林则宪　主　审

CHUANBO XIZHUANG SHENGCHAN GUANLI

人民交通出版社

内 容 提 要

本书是高等职业教育船舶技术类船舶舾装专业中国交通教育研究会职业教育分会船舶技术专业委员会规划教材之一，按照《船舶舾装生产管理》课程标准的要求而编写的。

本书重点介绍了船舶舾装生产设计管理、生产作业管理、生产质量管理、安全生产管理、托盘管理和单元模块生产作业管理，并举例管子单元生产作业管理实例。

本书为高等职业学院船舶舾装专业教材，同时也可供船舶工程技术专业学生及有关专业技术人员参考。

图书在版编目(CIP)数据

船舶舾装生产管理／刘雪梅主编. -- 北京：人民交通出版社，2012.6

ISBN 978-7-114-09852-9

Ⅰ. ①船… Ⅱ. ①刘… Ⅲ. ①舾装-生产管理-教材 Ⅳ. ①U671.91

中国版本图书馆 CIP 数据核字(2012)第 124076 号

书　　名：船舶舾装生产管理
著 作 者：刘雪梅
责任编辑：周　凯　杨　川
出版发行：人民交通出版社
地　　址：(100011)北京市朝阳区安定门外外馆斜街 3 号
网　　址：http://www.chinasybook.com
销售电话：(010)64981400,59757915
总 经 销：北京交实文化发展有限公司
印　　刷：北京鑫正大印刷有限公司
开　　本：787×1092　1/16
印　　张：10.25
字　　数：240 千
版　　次：2012 年 6 月　第 1 版
印　　次：2012 年 6 月　第 1 次印刷
书　　号：ISBN 978-7-114-09852-9
印　　数：0001-2000 册
定　　价：30.00 元

前言

QIANYAN

为规范高等职业教育船舶技术类专业的教学，积极推进课程改革与教材建设，提高教学质量，更好地满足我国船舶工业快速发展的需要，中国交通教育研究会职业教育分会船舶技术专业委员会组织全国开办有船舶技术类专业的职业院校及其骨干教师，编写了“十二五”高职船舶规划教材。

这些教材分别适用于船舶工程技术专业、轮机工程技术专业和船舶电气工程技术专业，以及船舶检验、船舶舾装、焊接技术及自动化、游艇设计与制造等船舶技术类专业。

“十二五”高职船舶规划教材大部分是在“十一五”高职船舶规划教材的基础上修订而成的。本规划教材注重以就业为导向，以职业能力培养为核心，面向行业企业，充分体现职业教育的特色，满足高素质实用型、技能型船舶技术类专业高等职业人才培养的需要。

本规划教材主要是针对高等职业教育编写的，其他形式的职业教育、职工培训、专业考证训练以及相关技术人员也可参考使用。

《船舶舾装生产管理》以新的管理方法为出发点，主要从船舶舾装生产设计、生产作业、生产质量、安全生产这四个方面的管理入手进行编写，同时托盘管理作为船舶舾装的一种科学管理方法，单独进行了一章的编写，另外还加入了单元模块生产作业管理内容。在单元模块生产作业管理内容中，基于舾装生产工作岗位，列举了管子单元生产作业管理实例，这更有助于对学生能力的培养。

本教材的绪论及第五章由渤海船舶职业学院刘雪梅教授编写，第一章及第二章由青岛远洋船员学院王宏智讲师编写，第三章由渤海船舶职业学院金璐讲师编写，第四章由渤海船舶职业学院王德联讲师编写，第六章由渤海船舶职业学院刘向东教授编写。全书由刘雪梅担任主编，王宏智担任副主编，渤船集团舾装模块工程有限公司林则宪高级工程师担任主审。

本教材在编写过程中听取了全国有关院校、生产单位等的意见，并得到不少同行专家教授的帮助和支持，同时还吸收采纳了船舶技术委员会与人民交通出版社组织的“教材审定会”中各位专家提出的建议，在这里致以深切的谢意。

限于编者经历和水平，书中难免疏漏与不足之处，恳请读者批评指正，以便修订时完善。

中国交通教育研究会职业教育分会船舶技术专业委员会

2012年6月

目录

MULU

绪　论

过去，船体建成下水以后，停靠在码头边继续进行各类设备和系统的安装工作，这一工艺阶段称为船舶舾装。随着造船工艺的不断改进，很大一部分安装工作在车间里、分段上或船台上就已提前完成，在码头边的安装工作量正在日益减小，于是船舶舾装的含义也就变成了泛指船体结构之外的所有安装工作。英文用 Outfitting 一词表示舾装，意思是给船舶装备全套的设备、装置或设施。

一、概述

船舶舾装由于具有工种多、工序多、品种多、工程庞杂、协作面广、综合性强、工作量大、周期长等特点，因此给舾装设计和管理带来种种复杂性。所以船舶舾装工作进展顺利与否将会直接影响到造船周期的长短。

随着造船工艺的不断改进，船舶舾装的地位也日益提高。壳舾涂一体化建造法是目前我国船厂普遍采用的一种造船施工方法，从壳舾涂一体化造船的角度要求来看，现代船舶建造必须遵循以船体为基础、舾装为中心、涂装为重点的指导思想，也就是说，制定船舶的建造方案必须将舾装放在第一位，要从全局的观点出发，要求船体的建造工艺尽可能地去满足舾装的建造工艺。图 0-1 为是壳舾涂一体化生产作业流程图。

从图 0-1 中可以看出，要实现壳舾涂一体化，分段建造法和区域舾装法是其基础，因此必须按区域进行舾装。

采用区域舾装法进行船舶舾装，是把整艘船按空间而不是按系统划分成区域。对属于某一个区域的所有舾装件，按照单元—分（总）段—船上这三个作业阶段进行船舶设备、系统的安装。

其中，单元组装是以某一舾装件为主体，其他舾装件依附其上而形成一个组合体，或者是以一定构架、基座或其他连接件将若干舾装件连成一个整体的舾装过程；分段舾装是在分段结构装配过程中或分段结构装配完成后，在分段结构上进行的舾装过程，总段舾装是由两个或两个以上分段装配后进行的舾装过程；船上舾装是船体在船台（船坞）总装期间的船台预舾装，以及下水后在码头安装期间的码头舾装，这两个阶段的舾装工作统称。区域舾装作业阶段进程如图 0-2 所示。

区域舾装作业阶段要求，船舶舾装的生产设计按区域进行，舾装件的采购、生产、安装、管理也必须按区域进行。但实际上，按区域作业还不能适应船舶舾装生产管理的需要，因为区域有大有小，现场生产又有先有后分阶段进行，因此我们应寻求一种方法将它们统一起来。通过分析船体的生产管理方法，从中得到启发，船体的生产管理是以分段作为中间产品来进行管理的，它的设计、采购、制造、计划管理等，都是以分段作为导向的。舾装能否也像船体一样划分为一个个的“舾装分段”呢？通过分析发现，可以将区域再按照某些原则划分为更小的单位，

也就成为一个个的"舾装分段",即我们现在称之为的"舾装托盘"。

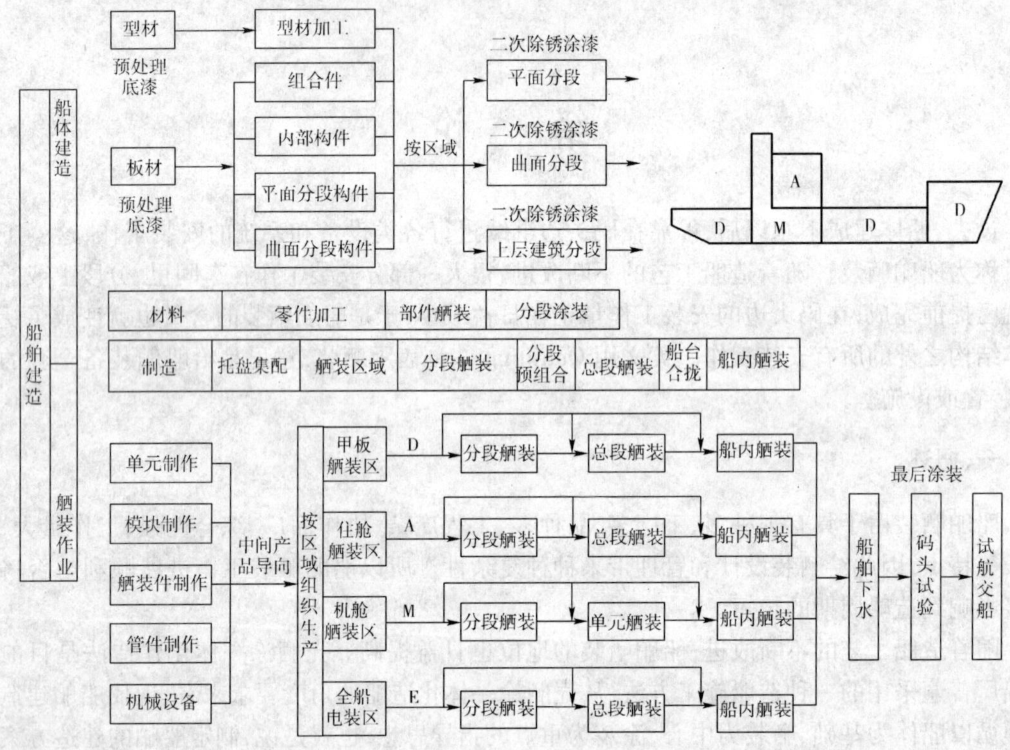

图 0-1　壳舾涂一体化生产作业流程图

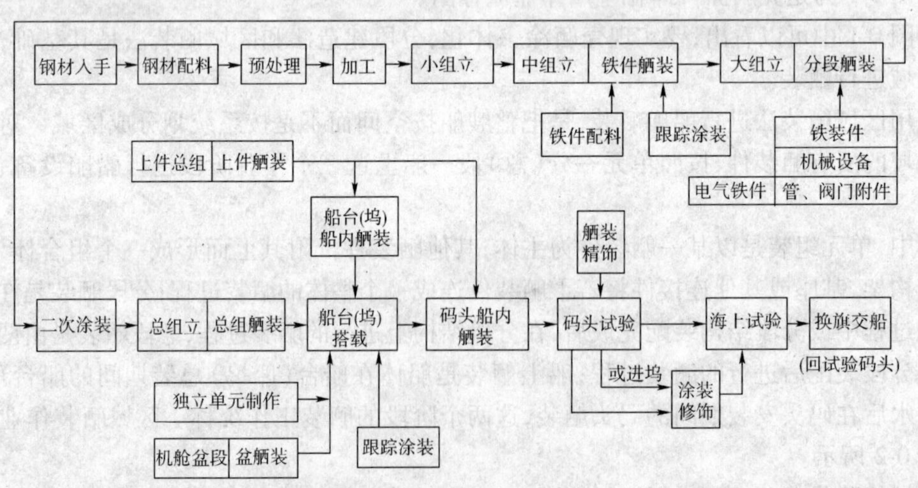

图 0-2　区域舾装作业阶段进程图

在现代化造船厂中,若要抓好舾装生产的管理工作,就必须实施托盘管理系统。正如船体的生产、计划、采购、成本管理是以船体分段为基础一样,舾装件的生产、计划、采购、成本管理要以舾装托盘为基础进行管理。

托盘是舾装区域按一定的原则进行划分,并且是现场生产作业的最小作业单位,同时也可

作为舾装的中间产品对其所需安装的全部舾装器材进行集配的单位。它如同船体的分段一样，均属生产管理的一个作业单元，也如同船体由分段组成一样，全船舾装则由完成的各个托盘的舾装所组成。这就是建立现代造船模式，在舾装领域以托盘为中间产品导向形成其生产作业体系的基本概念。为此，现代造船模式必须解决舾装作业的托盘化问题，也就是全船舾装应从托盘的角度做好托盘设计。托盘设计应解决全船托盘的划分，确定各个托盘工程项目的图纸类型、作业单位、作业阶段、作业场所、作业顺序和作业内容等生产管理信息，并以托盘管理表的形式提供给物资供应部门，再按工程计划定出的托盘项目纳期，进行托盘集配。

托盘管理将传统造船模式的库存量管理改为流通量管理。传统造船的库存量管理是采用库存量控制与领料发放的方式。现代造船模式推行托盘的流通量管理方式，把托盘作为中间产品，按设计的托盘管理图表，以一定的时间间隔采办船厂所有在建船舶所需要的材料、配件、设备和其他各类中间产品，集配成托盘，再由集配中心按时发往指定的施工现场，从而使物资供应、托盘集配和生产作业一体化，使舾装生产作业过程的托盘流通量能得以有效控制，从而提高生产效率。所以，这种管理方式是改变传统造船生产管理的重要举措。

但还应指出，船舶舾装生产作为船舶生产的一部分，也应强化综合协调性，融设计、生产、管理为一体，从而形成管理指导设计，设计又为生产和管理提供信息。作为生产管理的依据，生产和管理必须依赖与设计的这种紧密结合关系，同时也应强调安全、质量、过程控制方面的管理内容。

设计、生产、管理一体化示意如图 0-3 所示。

二、船舶舾装的发展过程

我国造船工业建立现代造船模式已取得了显著的成效，并进入了向深度和广度全面推进的新阶段。回顾船舶建造演变的过程，可归纳为如下五个发展阶段。

第一阶段：系统导向型造船模式——船台散装、码头舾装、整船涂装。

第二阶段：系统和区域导向型造船模式——分段建造、预舾装、预涂装。

第三阶段：区域、类型和阶段型造船模式——分道建造、区域舾装、区域涂装。

第四阶段：中间产品导向型造船模式——壳舾涂一体化。

第五阶段：产品导向型阶段造船模式——设计制造一体化。

前两个阶段属于传统造船技术，中间两个阶段属于现代造船技术，最后一个阶段属于未来造船技术。目前，造船业已经经历了三个历史阶段，正处于第四个阶段，正在形成未来的第五个阶段。

从上面船舶建造演变的过程可以看出，船舶舾装的发展过程大致可分为以下几个阶段：

1. 船台和码头舾装阶段

这一阶段是传统的舾装方法，所有的舾装工作都是在船体结构基本成型后，再开始进行船舶舾装。这一阶段舾装法是按系统进行施工，一般以单件形式安装，施工时间集中，主要是在船台和舾装码头上进行。施工作业面狭小、拥挤，系统作业交错，安装程序不明确，各作业小组相互干扰，返工量大，施工周期长，效率低。

2. 预舾装阶段

这一阶段中，分段建造技术开始得到应用，船体建造可按其结构特性划分成分段、部件，形

成以区域进行流水作业的可能，同时还提供在分段区域上进行预舾装的可能。这一阶段虽然扩大了预舾装，但工作中仍按其使用功能/系统组织生产。

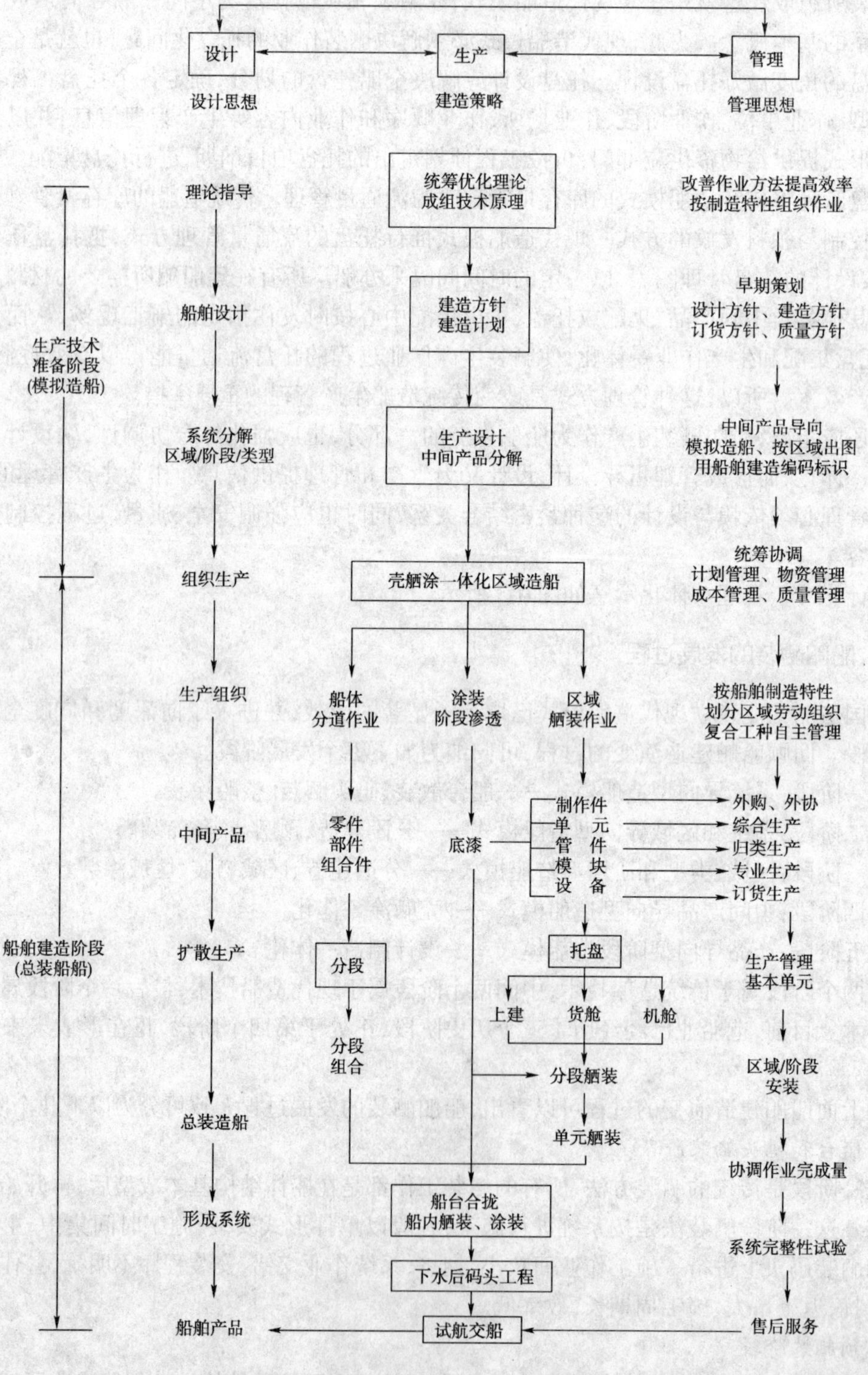

设计 生产 管理

设计思想 建造策略 管理思想

生产技术准备阶段(模拟造船)

理论指导 → 船舶设计 → 系统分解 区域/阶段/类型 → 组织生产

统筹优化理论 成组技术原理 → 建造方针 建造计划 → 生产设计 中间产品分解 → 壳舾涂一体化区域造船

改善作业方法提高效率 按制造特性组织作业 → 早期策划 设计方针、建造方针 订货方针、质量方针 → 中间产品导向 模拟造船、按区域出图 用船舶建造编码标识 → 统筹协调 计划管理、物资管理 成本管理、质量管理

船舶建造阶段(总装船舶)

生产组织 → 中间产品 → 扩散生产 → 总装造船 → 形成系统 → 船舶产品

船体分道作业 → 零件 部件 组合件 → 分段 → 分段组合

涂装阶段渗透 → 底漆

区域舾装作业 → 制作件 单元 管件 模块 设备 → 托盘 → 上建 货舱 机舱 → 分段舾装 → 单元舾装

外购、外协 综合生产 归类生产 专业生产 订货生产

船台合拢 船内舾装、涂装 → 下水后码头工程 → 试航交船

按船舶制造特性 划分区域劳动组织 复合工种自主管理 → 生产管理基本单元 → 区域/阶段安装 → 协调作业完成量 → 系统完整性试验 → 售后服务

图0-3 设计、生产、管理一体化示意图

3. 区域舾装阶段

区域舾装法是现代造船的舾装方法。区域舾装法进行船舶舾装时，是按照单元—分段—船上的方式进行船舶设备、系统的安装。现代造船将船舶舾装按船上大区域和作业内容分为甲板舾装、住舱舾装、机舱舾装和电气舾装。与区域舾装法的任务分解相一致，舾装设计与舾装生产都采用区域导向型的组织形式，以利于按区域协调设计与生产的关系，如图 0-4 所示。

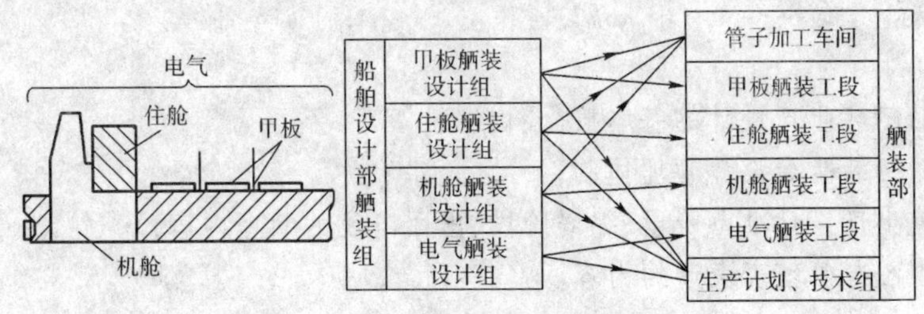

图 0-4　区域舾装法的分工

4. 壳舾涂一体化阶段

壳舾涂一体化施工法是目前我国船厂普遍采用的一种船舶制造技术。分段建造法和区域舾装法是其基础，分段成品化是其发展方向。该施工法是将分段、总段作为舾装、涂装的载体，在上船台前尽可能完成其所有的舾装工作和涂装工作。壳舾涂一体化施工法的特点是按区域（分段、总段）施工，淡化舾装专业工种界限，各分段可以平行作业，作业面扩大，改善了作业环境。规范作业流程，提高施工质量。简化施工管理，提高配套能力和施工效率，缩短建造周期。实现目标成本管理，降低建造成本。

5. 壳舾分离阶段

壳舾分离施工法是当代造船技术的发展方向，它是按照模块化技术，对造船舾装技术进行改造发展而来的新的施工技术。船体和舾装分开施工，实现舾装单元化和功能模块化，采用模块施工法进行船舶建造，实现模块化造船。实现造船模块化可以从船体结构和船舶舾装两个方面同时进行。船体分段、船上区域和预舾装单元都可以成为造船模块。实现壳舾分离施工法的基础是船体结构的标准化和舾装设备变化的标准化。

船舶舾装发展过程的几个阶段如表 0-1 所示。

船舶舾装发展过程的几个阶段　　表 0-1

阶　段	管 理 特 性	船 厂 类 型
船台和码头舾装阶段	以"系统"导向，分解船舶工程； 按"库存量"控制生产过程	劳力密集； 大型厂员工数万名
预舾装阶段	以"系统/区域"导向，分解船舶工程； 按"系统"和"区域"的"库存量"控制生产过程	劳力密集； 大型厂员工万名左右
区域舾装阶段	"中间产品"导向的分散专业化生产； 按"区域/类型/阶段"的"库存量"控制生产过程	设备密集； 大型厂员工千人左右
壳舾涂一体化阶段	"中间产品"导向的分散专业化生产； 按"区域/类型/阶段"的"流通量"控制生产过程	信息密集； 大型厂员工千人以下
壳舾分离阶段	模块导向的分布式生产和动态耦合； 造船和船舶运营全过程的瞬时监控	知识密集； 大型厂员工数百人或百人左右

第一章　船舶舾装生产设计管理

● **学习目标**

知识目标

1. 了解船舶舾装生产设计的基本概念、内容；
2. 了解船舶舾装生产设计管理体制；
3. 了解舾装生产设计准备阶段、编码阶段、出图阶段的管理内容；
4. 了解工作图与管理表表达的内容。

能力目标

1. 能够根据日程计划表掌握舾装生产的各级日程；
2. 具有编制舾装代码的能力；
3. 能够识读舾装综合布置图；
4. 掌握管理表所表达的管理信息。

第一节　船舶舾装生产设计基本内容

船舶工程极为复杂，它由船体工程和舾装工程两部分组成，具有作业面广、工作量大、工种多、安装复杂、设计和建造周期长等特点。如何高质量、高效率、短周期、确保安全地建造船舶是造船工作者长期以来一贯追求的目标。

早在铆接造船时代，船体建造采用的是一个一个零件直接上船台安装的整体建造法，船舶设计只提供"造什么样的船"的图纸和资料，至于"怎样造船"以及"如何组织造船生产"，往往有赖于工人的技艺和现场管理人员的指挥。随着焊接技术的不断发展，以及起重运输能力的逐渐提高，船体建造从铆接过渡到焊接，造船方法也从整体建造法发展为分段建造法，即将船体划分为分段，在上船台前分别建造，然后运往船台进行总装。

采用分段建造法建造焊接船，把船体装配焊接过程划分为若干阶段，这对于建造技术和生产管理技术都提出了比过去高得多的要求。在造船过程中，如何合理组织生产的问题显得更为突出。造船工作者从机械行业组织批量生产的优越性中得到启示，希望在单件生产的船舶建造过程中，对零部件、分段的生产也能如同汽车制造、飞机制造那样，实现设计图纸与生产的细节项目完全相一致，即生产体系中各个阶段，如材料流程、加工、预装配、船台装配等阶段所必需的资料和数据，都清楚地表达在一张张详图中，这些详图是由反映完工产品的基本设计图纸分解而来的。也就是说，使设计图纸与施工的各工位、各工序的施工要求、施工方法一一相对应。这样，船舶设计不但解决了"造什么样的船"的问题，又解决了"怎样造船"以及"怎样合理组织造船生产"的问题，这就是当初在造船行业中形成的设计、生产、管理一体化的新概念。

这种新概念很快应用于船体建造工作，随着生产技术的不断发展，以后又延伸到船舶舾装，形成新的舾装方法，即区域舾装法。所谓区域舾装法，就是把整条船划分为几个区域，并为每个区域准备综合布置图,区域综合布置图包括对主机、辅机、管子、管子支架、阀门、电缆、电缆支架、通风管路、格栅等舾装件的合理布置,经托盘管理再将所需的材料按生产程序所要求的时间和所属的区域安排采购、加工制作,并进行配套、集中存放,在需用时,能有条不紊地分别送往有关区域的指定地点安装。

随着造船技术的进一步发展,造船工作者认识到,要高质量、高效率、短周期、确保安全地造船,不仅要实现设计、生产、管理的一体化,同时要逐步实现壳舾涂一体化。这两个"一体化"思想的确立,逐步形成了船舶生产设计的概念。

船舶生产设计包括船体生产设计和舾装生产设计。所谓舾装生产设计,就是在舾装综合布置图的基础上,按区域、分阶段设绘舾装工作图和管理表,实现舾装设计、生产、管理的一体化,最大限度采用预舾装的一种设计。通俗地说,就是要把舾装过程中,如何施工、如何组织施工等问题,通过设计的形式,在图面上预先考虑并解决。

一、现代造船舾装作业模式

造船舾装作业模式是指组织舾装生产的基本原则和基本方式。它既反映了舾装生产对产品作业任务的分解原则,又反映了作业任务分解后的组合方式。这种分解原则和组合方式体现了设计思想、生产策略和管理思想的结合。

现代造船将船舶舾装按船上大区域和作业内容分为甲板舾装、住舱舾装、机舱舾装和电气舾装。与区域舾装法的任务分解相一致,舾装设计与舾装生产都采用区域导向型的组织形式,以利于按区域协调设计与生产的关系。

近年来,随着生产设计的推广,我国造船界对舾装作业分类的认识比较一致,即根据船、机、电三个主要专业类别将船舶舾装分为船装、机装和电装三大类。每一大类还可以再细分。例如,船装通常可分为内装、外装、管装和涂装四类,习惯上内装和外装又称为船体舾装;机装可以分为管装、机装和铁舾装等。

二、舾装生产设计内容

按工程类别分,生产设计包括两部分内容:船体生产设计和舾装生产设计。其中,舾装生产设计又分为船装、机装和电装生产设计。

船体生产设计负责从船体放样开始到加工、装配、船体总装等船体结构施工的一切设计工作,包括型线放样、结构放样、绘制工作图和管理表。

舾装生产设计的主要内容是,在设绘舾装综合布置图的基础上进行单元划分,将某一个区域的综合部件、管路分成若干单元和现场安装的零件,包括设绘安装图、零件图、舾装件制作图、托盘管理表等,如图 1-1 所示。

船装可划分为内装、外装、管装和涂装四个方面,内装是以居住舱室为主的室内舾装设计;外装指舱室外全船各层甲板的舾装设计,又称甲板舾装;管装是指除机舱以外的全船性管系舾装;涂装是指全船的除锈处理与涂料涂装设计,包括原材料的预处理。鉴于涂装对船舶营运质量至关重要,涂装技术有其特殊性,而且发展迅速,涂装生产设计将会从舾装生产中分离出来,而自成独立体系。

机装为机舱舾装的简称。机装作业的范围通常指从机舱前端壁到机舱后端壁,并包括轴

隧的纵向范围以及机舱底到烟囱这一竖向范围。机装生产设计的主要内容是该范围内的管子舾装、钢铁质舾装件的舾装和主机轴系三大部分的生产设计,其中主机轴系的生产设计有时是由详细设计完成的。

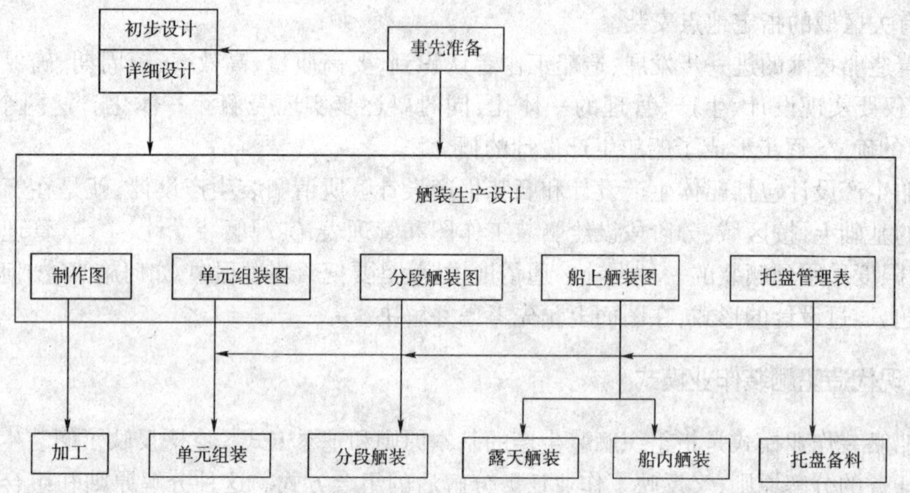

图 1-1　舾装生产设计内容

电气舾装生产设计主要解决全船电气设备的制作、安装技术问题,为现场提供有工艺指令的图纸和管理信息的图表。

三、舾装生产设计的特点

(1)按区域布置。

(2)按制造阶段出图。

(3)按照设计、生产和管理一体化的思路进行设计,实现复杂舾装简单化。

(4)加强综合协调,进行舾装预演是舾装生产设计成功的关键。

(5)扩大单元组装、分段预装、总段预装,是舾装生产设计的重点。

(6)托盘管理表是舾装管理的主要信息源。

第二节　船舶舾装生产设计管理体制

一、船舶舾装生产设计管理体制形式

我国现行的船舶设计体制大体上可以分为三种形式。第一种是初步设计、详细设计和生产设计的全部工作都在船厂进行,设计能力较强的大型船厂常采用这种形式。第二种是初步设计和详细设计在专业设计院进行,生产设计在船厂进行,设计能力较弱的中小型船厂多用这种形式。第三种是初步设计和详细设计在专业设计院进行,生产设计委托专业设计公司进行,这是一种没有设计能力的中小船厂采用的形式。当然这三种设计体制不是一成不变的。大型船厂一旦遇到技术性复杂的新船型或设计任务超过船厂设计能力时,也会把初步设计和详细设计委托给专业设计院(所)进行;当中小型船厂承造简单船型,其设计能力能够满足要求时,

也可从初步设计、详细设计到生产设计全部由船厂承担。

生产设计的管理体制也应与船厂的生产和管理的要求相适应。由于我国开展生产设计的时间不长，各船厂的条件和技术水平也不一致，因此生产设计的管理体制不完全相同。但是，虽然各船厂生产设计的组织形式不尽相同，其管理体制的基本指导思想还是一致的，组织机构也是相似的，归纳起来主要有两种基本形式：一种形式是把船体和舾装的生产设计集中在一个部门进行；另一种形式是把船体生产设计与舾装生产设计分开，分别在两个部门进行。

二、各管理体制形式的优缺点

下面列举五种主要的生产设计管理体制，并分别进行说明。

1. 第一种形式

第一种生产设计管理体制是：船厂设立设计部门，内设初步设计室、详细设计室和生产设计室，各室的任务与船舶设计三个阶段的业务相对应，其机构组成如图1-2所示。

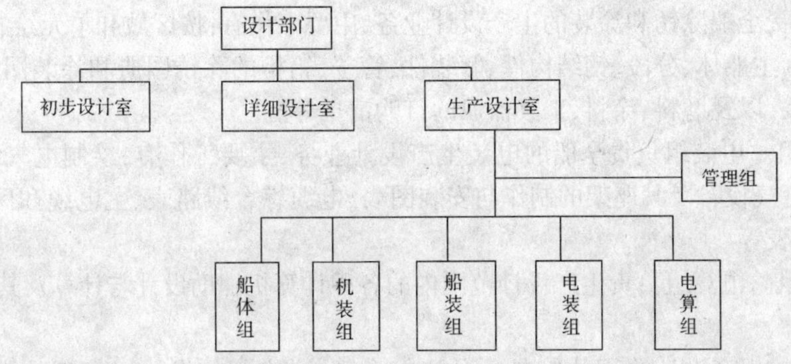

图1-2　生产设计管理体制形式(一)

1)生产设计各专业组的主要任务及其职能

(1)管理组。管理组是生产设计室的管理职能部门，它的主要工作是进行生产设计的准备和生产设计室的内部管理，也负责在生产设计阶段，同船东、船检部门的联系和交涉。其主要任务及职能如下：

①参加厂内设计与建造总计划的编制与协调；会同厂计划部门根据本厂的造船能力、设施、任务、材料设备供应等情况，进行设计、建造的计划平衡；参与制订建造方法和施工要领，编制船体、舾装综合日程表；确定船体分段的划分和余量加放原则、高效焊接的使用范围、舾装区域和舾装单元的划分、分段上船台的吊装顺序以及托盘集中配套原则；计算各施工阶段的工作量、物量、负荷累计和平台场地的安排等，为各专业进行生产设计提供工作依据，并执行船厂设计计划。

②负责同船东、船检部门的联系和交涉。

③编制生产设计室内的设计计划，协调各专业组之间的技术与进度问题，管理设计质量、定额、进度等。

④编制和修订设计标准文件以及管理技术资料。

⑤提供出图、复印、打字等辅助服务。

(2)船体组。船体组负责船体生产设计业务，主要是在船体详细设计中的分段结构图基

础上进行分解和综合，按生产工艺阶段需要的工作图及其零部件明细表、重量重心计算书、起重运输和脚手架等管理图表，生成船体施工的电算信息文件。

(3)机装组。机装组负责机舱内的舾装生产设计业务，主要是绘制机舱综合布置图，主辅机、仪器设备、管系和钢铁质舾装件的加工和安装工作图表，主机和轴系的安装工作图表，单元组装工作图表以及托盘管理图表等。

(4)船装组。船装组的业务分为内装、外装和涂装三部分。其主要任务及职能如下：

①内装负责以居住舱室为主的室内舾装生产设计业务，主要工作有：绘制舱室综合布置图，管系、仪器设备的安装图表，舱室隔热、敷料、木作等舾装工作图表，冷藏风管制作表，其他舾装件的加工安装工作图表，单元组装工作图表以及托盘管理图表等。

②外装负责除机舱和居住舱室以外的全船舾装生产设计业务，主要工作有：绘制甲板综合布置图，管系、起货、锚、舵、系泊等舾装设备的制作和安装工作图，单元组装工作图表以及托盘管理图表等。

③涂装负责全船除锈和涂装的生产设计业务，主要工作有：按区域和单元绘制涂装作业的图表文件，包括主船体、分段、钢结构件、舾装件、管子、箱柜的除锈图册和涂装图册，验收技术文件、管理图表，以及磨料、涂料、工具器皿的订购清单等。

(5)电装组。电装组负责全船的电装生产设计业务，主要工作有：绘制电气综合布置图、电缆开孔图、电气设备及其座架的制作与安装图表、电缆综合线路表、主电缆和区域电缆表册以及托盘管理表等。

(6)电算组。电算组负责生产设计范围内的各种计算机辅助设计与计算及其管理工作。

2)特点

这种形式的生产设计管理体制是一种比较合理的、实行技术一级管理的模式。其特点如下：

(1)生产设计室、初步设计室和详细设计室同属一个设计部门，使船舶设计的三个阶段连续性加强，便于沟通，减少工作环节，避免重复劳动，为生产设计创造了良好的条件。

(2)船体与舾装生产设计集中在一起，有利于船、机、电专业的横向联系和结合，进行技术协调和统筹规划，特别是有利于船体的预开孔和提高预舾装水平。

(3)便于设计人员的统一安排和调配，以培养多面手，同时有利于平衡和调整设计力量。

2. 第二种形式

第二种生产设计组织体制是：单独成立船体生产设计室，与设计部门并列或设在施工部门内，而机装、船装、电装生产设计则由设计部门的舾装生产设计室承担，不再单独设立机构。其机构组成如图1-3所示。

该生产设计管理体制下的船体生产设计室、设计部门的舾装生产设计室及其下属的机装、船装、电装各专业组的工作范围和出图内容，基本上与第一种形式的生产设计管理体制下的相同。这种体制的指导思想是：考虑到船体工程从原材料加工、装配到总装完工的工作量大，与施工的关系更为密切，因此独立成一个部门或归施工部门，直接与船体车间联系，方便生产；机装、船装、电装的生产设计与各自相应的产品设计的连贯性较强，设计人员一般能兼任详细设计和生产设计，有利于衔接和一致。

这种体制的优点是：舾装部分的详细设计和生产设计的设计人员都在同一个部门，便于交

流和联系，且他们对系统的性能与施工工艺都比较熟悉，设计的连贯性好，也可减少重复性劳动与差错，有利于开展舾装生产设计；船体生产设计在施工部门进行，与船体车间直接联系，有利于保证生产设计与施工现场的技术、计划的一致性。

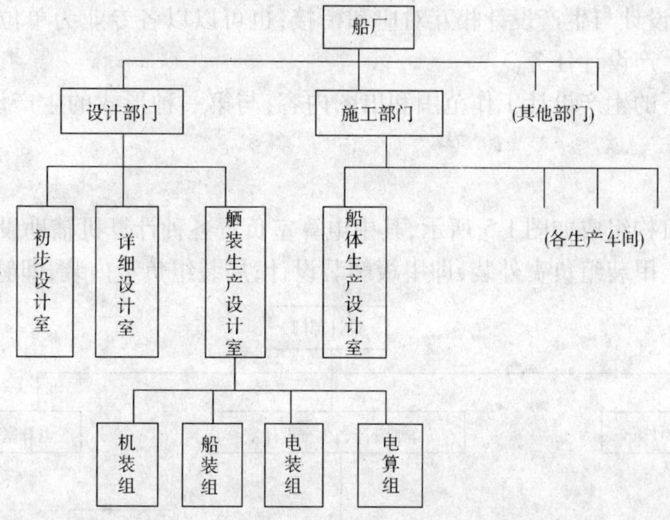

图1-3　生产设计管理体制形式(二)

这种体制的缺点是：船体生产设计和舾装生产设计分别在两个部门进行，不利于船体与舾装之间的协调，给提高预开孔、预舾装率带来困难。

3. 第三种形式

第三种设计体制是：初步设计属于经营部门，详细设计和生产设计合在一起属于设计部门。其机构组成如图1-4所示。

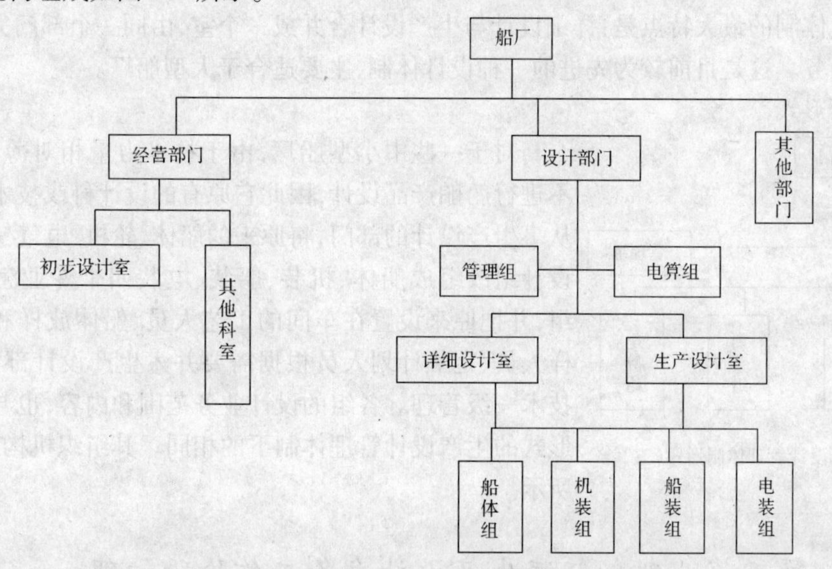

图1-4　生产设计管理体制形式(三)

该设计体制是随着船厂生产经营型体制的建立而产生的。船厂设置了经营部门，负责同船东进行造船谈判和签订合同，而初步设计的主要任务是根据船东在招标(或询价)时提出的

技术规格说明书，进行报价设计和合同设计，为配合洽谈和签订协议提供所需的技术资料，它与经营和开发的关系密切。合同签订以后，其详细设计和生产设计在船厂的设计部门进行。船厂设计部门下设详细设计室和生产设计室，两个设计室都按船体、机装、船装和电装划分成专业设计组，使详细设计与生产设计相互对应和衔接；也可以以各专业为单位设立专业组，连续完成详细设计和生产设计任务。

这种设计体制下的生产设计工作范围和出图内容，与第一种形式的生产设计管理体制下的相同。

4. 第四种形式

第四种形式的机构组成如图1-5所示，其中电算室负责各种计算机辅助设计与计算、软件的开发与管理工作。甲装组负责外装，即甲板舾装设计；局装组负责内装，即舱室内舾装设计。

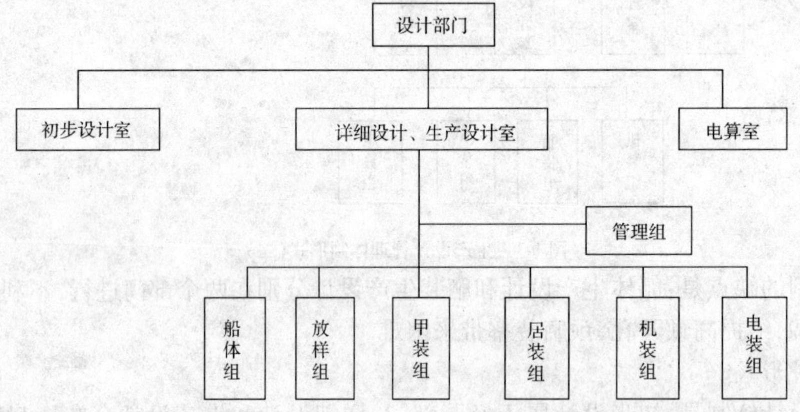

图1-5　生产设计管理体制形式（四）

这种设计体制的最大特点是：详细设计与生产设计合并成一个室，由同一个部门完成两个阶段的设计任务。这是目前较为先进的一种设计体制，主要适合于大型船厂。

5. 第五种形式

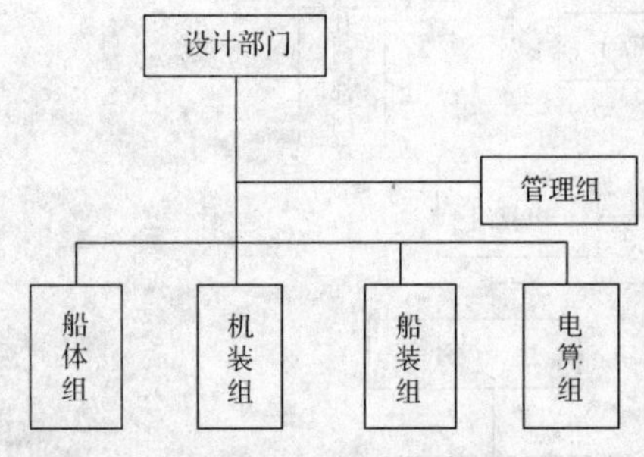

图1-6　生产设计管理体制形式（五）

对于一些中小型船厂，由于技术力量相对薄弱，一般不进行船舶产品设计，因此它原有的设计科或技术科就是从事生产设计的部门，将原来的船体、轮机、电气三个专业设计组改组成船体、机装、船装、电装四个专业生产设计组，并把原来设置在车间的工艺人员、船体放样和综合放样人员、定额计划人员根据需要并入生产设计部门，实行技术一级管理。各组的设计业务范围和内容，也与第一种形式的生产设计管理体制下的相同。其组织机构如图1-6所示。

第三节　船舶舾装生产设计准备工作阶段管理

事前准备是生产设计极为重要的一个环节和工作内容，主要是进行全船性、综合性的统筹

与协调，既涉及技术问题，又有进度和工程管理问题。事前准备牵涉到各专业、各设计阶段，确定后既作为各专业生产设计的依据，又作为对前阶段设计的要求。它包括结构的工艺性、图纸的完整性、布置与结构的合理性以及施工的方便性、经济性等，使前阶段的设计工作能满足生产设计的要求。生产设计的事前准备包括生产技术准备、计划准备和工程控制准备三方面内容。

一、生产技术准备阶段

生产技术准备是事前准备的基础，是为满足产品开工及开工后均衡、连续生产必须具备的技术和生产条件所进行的一系列准备工作，实质上就是生产要素的准备。生产技术准备工作从广义上说是一项全系统（上级公司、设计院所、工厂和工厂各职能部门的协调）、全过程（从合同谈判开始至完工交船）、全方位（包括合同、图纸、物资、资金、工装设施、劳动组织等）的综合性管理工作。具体内容包括：确定船舶的建造方针，编制各专业的施工要领，并统筹协调各专业间的生产技术问题，使之最大限度地利用船厂现有设施，发挥施工人员的技艺，提高造船质量与生产效率，确保安全与低成本。

建造方针决定船舶的建造原则与方法。建造方针是根据船厂的生产条件、船舶类型与特点、劳动力负荷等情况，从整个船舶产品角度，通过综合平衡协调，以最合理、最经济建造船舶为原则来制订的。建造方针一旦确定，将作为船厂生产活动的“宪法”，对造船的各项生产活动（包括生产设计）起主导作用。建造方针与舾装生产相关的有：托盘管理范围，分段划分图，区域划分图，舾装在质量、效率、工程、安全方面的注意事项等。

施工要领一般是在确定建造方针的基础上分专业编制的。其主要内容包括：规定作业的工程范围、作业量、施工方法与要求、规程和特殊的施工注意事项及技术要求。编制施工要领时，可以参考各有关专业的作业标准。施工要领将作为指导生产设计和施工管理的主要技术文件。

1. 机装施工要领

（1）舾装区域划分图。

（2）舾装单元划分图。

（3）托盘划分和集中配套日程安排。

（4）轮机舾装要领。

（5）管舾装要领。

（6）托盘管理范围、格式和流程。

（7）中间轴、尾轴的固定要点等。

2. 船装施工要领

（1）上层建筑总段预舾装的范围。

（2）艏总段预舾装要求。

（3）中央甲板部位输油管单元划分要求。

（4）泵舱单元划分要求。

（5）货油舱内管系布置要求。

（6）管子特涂及管加工要求。

(7)合拢管和调整管的设置方法。

(8)上甲板输油管设计要点和施工标准。

(9)货油舱加热管的设计要求和施工作业要领。

(10)托盘管理和托盘划分要求。

(11)甲板机械的施工要点等。

3. 电装施工要领

(1)电气预舾装计划。

(2)电气预舾装工程表。

(3)居住区舱室的舾装顺序和预舾装注意要点。

(4)机舱区域预舾装方针。

(5)艏总段和前桅杆的预舾装计划表。

(6)托盘管理的范围等。

二、计划准备阶段

计划准备包括确定船舶建造的顺序计划、负荷计划和日程计划,最终编制综合日程表,以控制船舶设计与建造的各主要环节。

计划准备必须与生产技术准备同步进行,在生产技术准备过程中,必然涉及计划准备的内容。例如,考虑某项施工要领时,当作业量与作业方法均已确定后,紧接着就会提出场地使用计划,这就需要根据作业对象,在规定作业的场所内,确定作业的开始时间与结束时间,并与日程计划、作业负荷的均衡性相一致。若不一致,则要考虑更改作业方法等,以达到最佳的施工效能。

1. 负荷计划

负荷计划,即工程量的测算计划,是船厂承受生产负荷程度的计划,也就是船厂所具有的生产能力和预想的工作量之间的对比,通过检查调整,成为切实可行的建造计划。它主要由船厂生产负荷计划、各阶段负荷计划和分阶段负荷计划三部分组成。负荷计划的内容有工时负荷和物量负荷。

(1)工时负荷。工时负荷以工时为单位,核算1年或2年中船厂主要车间和工种的负荷额度。它是依据船厂以往建造过的典型船种和船型的实际工时统计出的工程管理标准S形曲线(图1-7a)和工程管理S形曲线(图1-7b)来进行计算的。将1年或2年的每个月的各种船舶S形曲线的负荷值叠加,就可以得出1年内或2年内船厂各月主要车间的工时负荷分布累

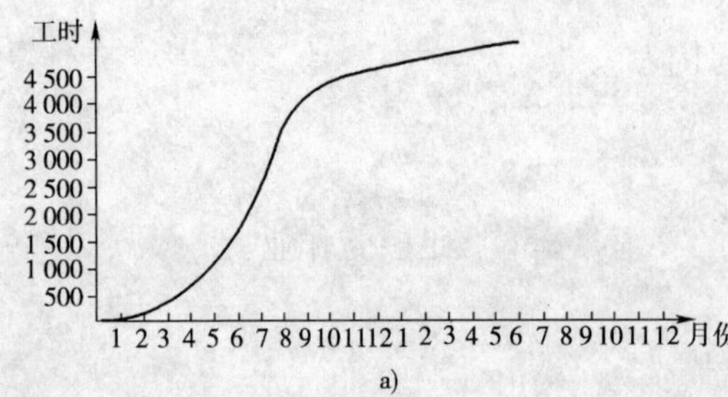

a)

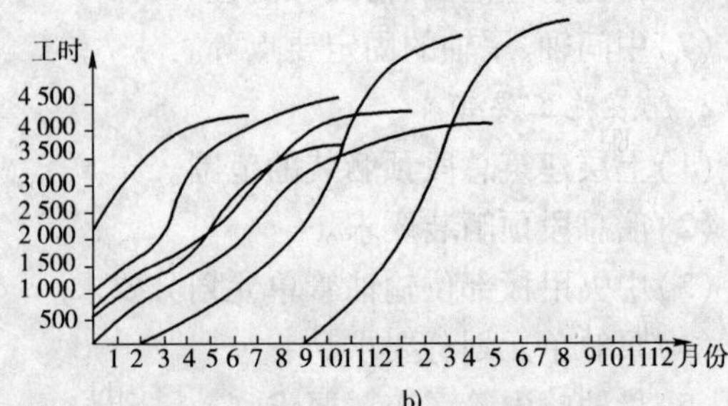

b)

图1-7 S形曲线

计图，如图1-8所示。若超过船厂8小时能力线以及加班2小时超负荷线时，则必须和船东商谈调整日程和计划，再签订合同；或者将负荷向其他企业转移，或做出相应的决策，并且提出新的均衡的建造方法。

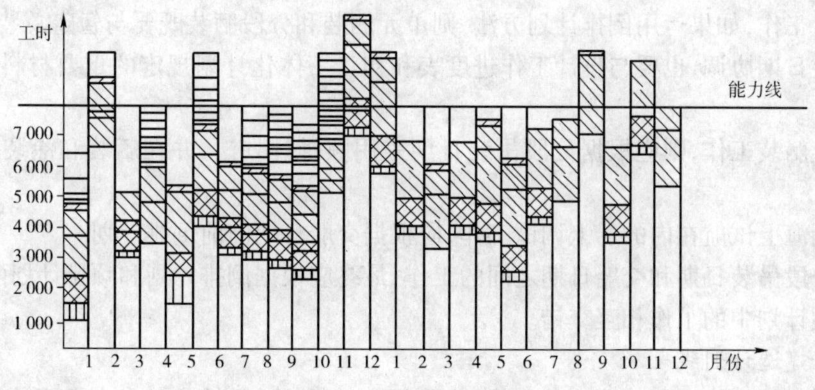

图1-8　负荷累计图

(2)物量负荷。物量负荷是以加工量、分段、船台安装量和涂装面积，作为船厂核定负荷能力的计算单位。其形式也是根据以往船型和船种实际统计数据绘出物量标准S形曲线后，再将同期内的各种船舶的钢材量加以累计，就得出类似于工时的物量负荷累计图。

在核算船厂的负荷能力，以及计划的编制准备工作中，物量是主要的项目。因为物量计算的精确性比工时量的核算精度高。

经过工时负荷和物量负荷核算后，才能最终签订合同和确定合理的建造方法。

2. 日程计划

日程计划是船厂在建造船舶时进行日程管理和控制的实施计划，是生产计划管理人员和作业人员为完成建造任务而努力的目标。它从船体完工交船日期倒推到加工开始和钢材到厂交货日期为止。在这一系列生产过程中，把各个施工周期相互联系起来，并定好施工日期。

主要的日程计划表包括船厂建造计划线表、综合日程表、主日程表和月度计划表。舾装计划的制订与船体建造一样，都采用时限计划法。

(1)时限计划的基本方法。

①随着造船过程从合同签订到向交船推进，计划时限由长到短逐步细化。

②最初阶段的舾装计划只限于累计时限内的总工时，这种估算的工时能满足开工、上船台、下水、交船等主要日程的每一工期的需要。

③时限随着造船过程的进展而细化，其中包含一组托盘，继而又细化到相当于一个托盘。

④与此同时，工时核算单元的时限也相应地细化为月、周、日。

⑤时限细化的目的在于适应舾装计划的各目标，并保证其准确度与设计阶段进展相适应。

(2)舾装计划的目标。

①确认开工、上船台、下水和交船等重大事项的日程安排能满足舾装作业。

②确定图纸和主要材料的使用和发送日期。

③协调舾装工作与船体建造和涂装的工作进程。

④编制详细的舾装日程。

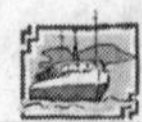

(3)舾装计划的编制与协调工作。

①舾装车间与船体车间一样,受开工、上船台、下水和交船等主要日程规定的时限约束,而且其计划也要与材料、设计、船体和涂装等部门的计划相协调。

②舾装工作,如果运用倒排计划方法,则单元舾装和分段舾装既要与暂定总装计划中每一分段的吊装日期协调,也要与设计工作进度表和初步一体化计划规定的重要材料采购计划相协调。

③船上舾装工作,则应根据分段吊装日期采用顺排计划法,并在舾装和涂装工作间进行协调。

④包括海上试航在内的船上调试工作,应根据交船日期向前倒排计划。

⑤各分段吊装日期和交船日期之间的工作,最终应根据倒排计划和顺排计划两者来协调,以避免两项计划中的工作相互交错。

3. 船厂建造计划线表

船厂建造计划线表仅反映加工开始、分段制造、上船台、下水和交船等所造各船主要的节点日期,它是船厂的年度计划。

4. 综合日程表

综合日程表是一种工程管理大日程计划阶段的日程计划表。船舶建造方针确定后,经过各建造工艺阶段的负荷测算,即可着手编制综合日程表。它是按建造方针确定的建造原则所编制的某一条船的建造总计划表。

船台吊装日程确定后,要对船体、船装、机装和电装各专业工种和各施工工艺阶段的日程和周期,进行有机的安排和合理的衔接,如将分段制造和船台吊装日程简化成若干个小阶段,然后画出线条图,按此定出日程。同时,要列入各阶段的开始时间和工作周期,以及船舶下水后到交船的各阶段日程,作为施工部门进行控制的依据,如表 1-1 所示。

综合日程表是新建船舶设计、设备材料供应和其他生产技术准备工作体系的总计划表,又是建造方针在计划日程上的再体现,因此,必须由厂长签署后才能执行。

5. 主日程表

在进入主日程计划阶段,编制施工要领时,施工程序和作业方法都已详细确定。因此,在各个分阶段工时和物量负荷已经平衡的情况下,应对综合日程表进行分解,编制具体的日程计划表,即主日程表,作为各车间进行生产活动的直接依据。主日程表主要有船台吊装主日程表、船体舾装主日程表和平台周期表三种。

船体舾装主日程表是按照每个分段上船台吊装的日期为基础向前推移,用线条图绘出船体各个区域的各个分段的加工、部件组装、分段组装、分段预舾装、分段涂装、总段组装、总段预舾装和总段涂装的具体日程线表。由此可以计算出每月船体分段制造与舾装工程的负荷量是否均匀。一般编制时,分舾装部分和试验部分两块,表 1-2 是码头舾装试验日程表。

6. 月度计划表

月度计划表是小日程表,它是以主日程表为依据,编制具体作业项目的完工日程。月度计划表是各工作部门生产的依据,它是某个车间、某个班组、某个场地一个月内所要做的具体工作的开工日期及完工日期。它不是以一艘船舶作为编制对象,而是综合所有建造船舶,以月度为单位来编制的。主要内容有:具体的作业项目、详细的人员配备、工时预估、完成日期等。

总之,计划准备按日程次序可以划分为订货计划、大日程计划、中日程计划和小日程计划。船厂生产负荷计划和船厂建造计划线表为订货计划,各阶段负荷计划和综合日程表为大日程计划,分阶段负荷计划和主日程表为中日程计划,月度计划表为小日程计划。它们的内容从整体到局部,从总计划到细化的月度作业计划,严密而科学地组成了造船的计划管理系统。

某船的综合日程表

表 1-1

完工前月数		15	14	13	12	11	10	9	8	7	6	5	4	3	2	1
主要工程		－－○ 初步设计 设计交接	Δ－－－－Δ 详细设计Δ－－－	Δ－－－		生产设计 钢材预估	○－－－	○－－－	加工 钢材	○ Δ上船台		装主机 ○	○ 轴系拉线 下水	发电机试验 系泊试验	试航 完工	○ 交船
前货舱及船首区	船体	双底层，上甲板，舷侧				Δ－－Δ		←－－－ 船尾　尾楼 Δ－－Δ	…………		－－→ 内部加工		……分段装配			
	压载舱货舱							管系 Δ－－－－Δ	金属管	~~~~~~~~~ <∽∽∽>	<∽∽∽> 舱柜←－－－	舱盖 <∽∽∽>	~~~~分段上船台 →	船台舾装		
	露天部分							起重设备 Δ-－Δ		舱内起重设备 <∽∽∽> 超重设备		<∽∽∽∽∽>	⊙ 舱盖调整	<∽∽>	吊杆	
后货舱及船尾区	船体				双底层，上甲板，舷侧	Δ－－Δ				←－－－－－－→ ……………… ~~~~~~~~~~~			船尾构件			
	货舱内							船尾 Δ－－Δ 管系 Δ－－Δ		<∽∽∽∽∽	管系涂装 <∽∽∽> －－－－－		船柜	∽∽> 管系装防热		
轴系		辅机 台主 辅机	Δ　舵								组装 ~~~~~~	镗孔 ←→		舵 ⊙	⊙ 推进器	
机舱区	船体		双底层，甲板，舷侧			Δ－－－Δ			←－－－－－→ …………		~~~~~~~~~~					
	辅机台主辅机等		全部配置 Δ		Δ－－－	电路 Δ－－－Δ		各种配置 Δ－－－－－	辅机座 Δ－－－－－	－－－Δ	电路 <∽∽∽>	－Δ ⊙－－－－－－⊙ <∽∽∽∽	辅机座 ⊙－⊙ 主机	∽∽∽>	管系 开放检查 ←→	
	机舱舾装															
甲板室及其他	船体				上部结构	Δ－－－Δ		←－－－－－→		………………						
	居住区舾装				舱室配置 Δ	各舱室配置 Δ－－－－－－Δ		<∽∽∽∽∽∽∽>	上部结构层状舾装		烟囱	⊙	内衬板防热铺地板 <∽∽∽∽∽> ⊙ 舵机	<∽∽∽> 家具等		
	其他												⊙ <∽∽∽>			

注: ○ 到期: Δ 出图; ⊙上船台; －－ 内部加工; …分段装配; ~~~~~ 分段上船台; <∽∽> 安装舾装; ←→试验,调整。

码头舾装试

工段	月/日：4月 16 19 24 27；5月 7 10 15 18 23 26 31；6月 5 13 18 21 26 29 13 17 18 20 23 25 26 2 4 8 9 11 14 16 17 21 22 24 25 29 30 1 4 6 7 11 12 14 15 19 20 22 25 27 28
主要计划	机舱照明；供应岸电；住舱完工；辅机动车开始；锅炉压力试验；甲板完工；柴油发电机开始试验；锅炉点火；压载泵试验；主机清洗；柴油机；正式试验
船体建造	液舱结构
涂装	机舱涂装；机舱拆除脚手架；机舱清理；住舱完工涂装；上甲板涂装；首楼甲板；首储藏室及首尖舱涂装
甲板舾装	甲板液压管路；调整；遥控系统调整；舱口盖操作试验；污水压载和；系统试验；甲板吊车试验
机舱舾装	机舱脚手架；拆除完毕；辅机动车开始；柴油加油；锅炉压力试验；柴油发电机；试验开始；锅炉点火；放气；主机清洗；舵机开始试验
住舱舾装	住舱明火；作业结束；升降机；住舱供水
电气舾装	机舱照明；住舱照明；供应岸电；柴油发电机；开始试验；柴油发电机；正式试验

验日程表

表 1-2

7　　8

4　9　12　17　20

2　3　5　6　10　11　13　16　18　19　23　24　25　26　27　6　7　8　9　10　11　13　16　17　18　20　21　22　23　24　27　28　29　30

燃油加油　主机开始试验　雷达设备检查　船厂试航　进坞　载货量测定　正式试航　提交房间钥匙

试验

舷侧完工涂装　补漆

锚机、绞车试验　消防　水试验　载货量测定

舵角调整　燃油加油　舵机码头试车　主机开始试车　船厂试航　进坞　出坞　正式试般　主机检修

冷库试验　救生艇试验　提交房间钥匙

雷达系统检验

三、工程控制准备阶段

工程控制准备包括工时控制、物耗控制与质量控制三方面内容。工程控制准备的目标是以最小的物耗、工耗确保船体强度、航行性能与防锈性能。

1. 工时控制

采用造船工时 S 形曲线来对建造和舾装的工时进行控制。造船工时 S 形曲线能够对船舶建造工时进行模拟,运用均值、标准差、变化系数指标对模拟数据进行分析,从而预测船舶建造、舾装的最佳均衡工时和日期。

2. 物耗控制

通过计划有效控制组织生产及生产过程中的物资消耗,降低产品制作成本,减少废弃物,保护环境。

3. 质量控制

严格执行质量方针,贯彻质量目标,各部门有计划地实施质量控制程序,确保舾装品质量。

第四节　船舶舾装生产设计编码工作阶段管理

一、编码的作用

1. 编码

编码是一种按一定规则组合起来的,代表事物名称、属性、特征、状态等的符号和代号。也就是说,编码的过程就是按不同的目的要求,通过科学的分析和分类方法,以数字和符号标记的形式对工作对象的有关特性进行描述和标识的过程。

生产设计编码是应用成组技术的原理,把船体结构零件和舾装件等在生产中体现的有关特征,以字母和数字的结合形式予以表征的一项设计技术。它除了具有常规零件编号的功能外,还能表示该零件的形态特性、在船上的部位、加工方法、配套和装配阶段以及工艺流程等。

现代船厂是集经营、技术开发、产品制造、销售等为一体的综合性企业,而企业内的相互关系,是由这些部门之间的物流与信息流来体现的。信息流的巨大容量和其复杂程度是生产社会化的重要标志和重要组成部分。通过信息流的处理,才能实现物流的控制和管理。这些信息既有内部产生的,又有外部输入的。要实现对大量信息进行处理和利用,就必须重视它们之间的联系,统一标准与格式,实现信息共享,同时又必须有便于信息的收集、转换、存储、检索、组织和输出等形式的信息处理方法。为了很好地满足这些需要,必须从系统的角度对各种信息进行正确的分类和编码。

随着生产的发展,现代造船企业的编码系统已经由简单的结构发展成为十分复杂的系统。合理的编码结构是信息处理系统具有生命力的一个重要因素。在处理信息的手段上,许多企业均已采用电子计算机集成系统,但要求有严格的信息输入、输出规定。它通过事物的编码来识别事物。所以,为了记录、传递、处理和检索数据,必须对大量的原始数据进行科学的分类、组织、编码,以编码作为信息数据的唯一标识。编码系统的建立无疑成了成组技术与电子计算机应用联系的纽带。有人预言,电算技术和成组技术的应用,将使造船工业发生革命性的变革。为使电子计算机在同一个建造系统或企业里，从经营、设计到生产管理能够得到广泛的应用，其先决条件是建立一个科学的零件分类编码系统。

所以，编码不仅是生产设计的重要基础，而且是造船企业管理的一项重要工作，是提高企业经营、生产和管理极为重要的环节。

2.编码的分类

编码有两种基本形式：分级式编码和数字定义式编码。但有时也采用两者相结合的方式进行编码。在数字式编码中，一定的数字总是表示一定的特性，因此易于阅读。在分级式编码中，每一位数字包含的信息均取决于前一数字，其分类号是依次阅读一组编码而得出的。在要求相同的情况下，这种编码比数字定义式编码短。然而，从分类观点看，不管采用何种编码形式，零件或舾装件的分类有以下四种基本方式：

(1)按形状分类。编码时，首先说明零件或舾装件的外形、尺寸和比例，然后是某些形状特征，这种分类方式最适用于类似设计的检索。但用于生产分组时，需要附加资料，因为零件的形状仅部分包含工艺信息。

(2)按功能分类。有些编码系统是根据零件的功能或名称进行分类的，如机装类、外装类、内装类、电装类等，一般适用于零件已进行了标准化，并经过全面综合的情况。

(3)按工序和工艺装备分类。这种分类方式以实现生产方法和工艺规程的合理化为目的，它不适宜作为零件的辨别号，因为它所记录的细节不是零件的永久特征，而是随零件的要求和生产工艺的变化而变化的非永久性特征。

(4)按性质分类。这种分类是将编码分为成本管理、生产管理、设计管理等几类。不同性质的编码具有不同的用途，以实现不同的目的。成本管理类是对产品进行成本核算、成本控制、产品报价的编码，生产管理类是简化生产流程、提高生产效率的编码，设计管理类则是提高设计标准化程度、设计效率、减少设计人员繁杂劳动的编码。一般来说，一个完整的产品编码都应包括上述三方面的内容，输入计算机后，再由计算机分类处理，以根据不同的要求输入不同的内容。

当然，也可把以上四种分类方式结合起来，以某一种为主来进行分类。

3.编码的作用

编码不仅是生产设计的重要基础，而且是造船企业管理的一项重要工作，是提高企业经营、生产和管理极为重要的环节。

(1)在企业内部建立一种简明扼要的语言，以这种语言系统地描述生产建造过程，并把它贯彻到整个生产组织过程中去，从而丰富生产设计的内容，为船舶建造增添新的信息。利用编码系统从技术上直接指导生产，可简化或代替以往的装配程序和操作规程等工艺文件。

(2)成为企业建立综合数据库的重要组成部分，有助于最大限度地减少船舶产品设计工作的重复，提供进行材料和工时估算的较佳原始数据。

(3)为电子计算机辅助设计(CAD)和辅助建造(CAM)的应用，创建了一个包含有大量基础信息的应用基础。编码可供计算机阅读，为进一步开发计算机辅助生产设计提供了有利条件。

(4)编码过程中建立起来的技术标准和管理标准，大大地丰富了标准化的内容，是对企业现代化管理工作的有力促进。

(5)用字母和数字形式组成简单的编码，代替用文字表达的名称、工艺和管理信息，能简

化图面，提高设计效率，利于施工现场的阅读和查找。

(6)利用编码系统可代替以往的零件配套表和部件配套表，直接组织生产配套工作。

二、编码订制阶段

编码应遵循下述基本原则：

1. 唯一性

尽管编码对象有不同的名称，或有不同的描述，但编码必须保证一个编码对象被赋予一个代码，一个代码只反映一个编码对象。

2. 可扩充性

代码结构必须能适应代码对象不断增加的需要，也就是说，必须为新的编码对象留有足够的备用码。

3. 简短

在不影响代码系统的容量和可扩性的情况下，代码位数应尽可能少，以减少差错率，减少计算机的处理时间和存储空间。

4. 格式一致

无论是机器处理信息还是手工处理信息，都应用规范化的代码，以提高代码的可靠性。

5. 适应性

代码设计应便于修改，以适应分类编码对象的特征或属性，以及其相互关系可能出现的变化。

6. 含义性

代码应尽量有最大可能限度的含义。较多含义的代码，可以反映分类编码对象更多的属性和特征。

7. 系统性

代码的逻辑性很强，编码时，要考虑代码的系统性，以保证系统中各代码的协调运行，从而发挥系统的整体效益。

8. 稳定性

代码不宜频繁变动，编码时，应考虑其变化的可能性，尽可能保持代码系统的相对稳定。

9. 识别性

代码应尽可能反映分类编码对象的特点，以助记忆，并便于人们了解和使用。

10. 可操作性

代码应尽可能方便业务员和操作员的工作，减少机器处理时间。

上述原则中，有些原则彼此之间是相互冲突的。如：为了使一个编码结构具有一定的可扩充性，就要留有足够的备用码，而留有足够的备用码，在一定程度上就要牺牲代码的简短性；代码的含义性要强、多，那么代码的简短性必然也要受到一定的影响。因此，编码结构必须全面遵守上述原则，并进行综合的考虑，以求代码设计最优化的效果。

三、舾装编码系统

1. 舾装作业代码

对于舾装作业而言，现代的舾装作业突破了传统的按照船舶功能系统进行舾装的做法，舾

装作业不再按系统组织,而是按照区域设计和组织,舾装综合布置图上表示出一个区域内的所有系统和设备,由一个综合施工组完成该区域内的一切舾装作业。因此,生产设计阶段要将详细设计阶段按系统编制的信息重新归类,以便按区域编制信息。根据类型与阶段所需的产品特征,将设计信息分类归组,绘制以区域表示的作业单元图纸,并以编码标识,这样便于对零件获得、托盘集配、分段舾装、单元舾装和船上舾装各个阶段进行管理。

区域舾装是在一个限定的区域内安装所有的舾装件,一般说来,区域舾装将整艘船划分成几个不同的区域,并分为三个基本阶段,即单元舾装、分段舾装和船上舾装。为达到目的,必须重视两个阶段:一是零件获得,二是托盘集配,即将舾装作业全部信息和资源,按区域/阶段/类型的分类方法来编制,提交给采办人员,由他们事先考虑需要购买的设备、自制件、外购件以及进行原材料的准备;然后,按区域/阶段/类型划分的工作单元集配成托盘。

这种体现设计、采办、生产三方面联系的舾装作业信息分类的结果,构成区域舾装作业的代码框架。区域舾装作业法典型的代码构成,如图1-9所示。

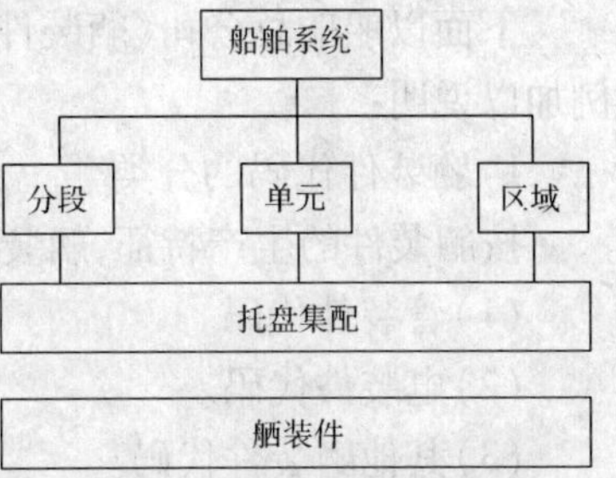

图1-9 区域舾装作业法典型的代码构成

区域舾装作业法采用与船体结构代码逻辑基本相同的舾装作业代码系统,标识中间产品的分类及其各制造级的工艺流程。代码按层次等级组织,以便与逐级上升的制造级相对应。

利用编码标识所有生产体系的各个阶段,如:制造各种船舶舾装件、托盘、单元、区域或系统等阶段所必需的资料和数据,都清清楚楚地表达在一张张详细的图纸中,并将这些有用的、具有指导意义的信息传递给各部门人员。

例如:舾装作业代码 S2ZFD—0001 系由六个层级代码组成。其具体含义如下:

(1)"S"是船上舾装代码(用字母表示)。

(2)"2"是施工部门代码(用数字表示作业部门)。

(3)"Z"是工艺阶段代码(用字母表示)。

(4)"FD—"是区域代码(用数字、字母表示)。

(5)"00"是托盘代码(用数字、字母表示)。

(6)"01"是序号(用数字表示)。

上述中间产品的代码表明:托盘00(表示多个托盘)是船上舾装所需要的,托盘00安装在船上FD—区域(或分段),托盘00由施工部门2(外装)安装,而托盘00的安装方法Z是船上舾装。

舾装作业代码清晰地表达了舾装作业的作业类型、作业阶段、作业场所、作业方法等内容。为了更有效地进行舾装作业,使用这种代码描述对于设计和生产之间的有效联系是必不可少的。

2. 舾装件代码

控制物资的流动在造船管理中是很重要的因素之一,它会直接对产品质量的提高和船价的降低产生深远的影响。从这点上说,舾装件的管理不能忽视,而且随着计算机应用技术的发展,舾装件管理作为物资信息管理重要的一环,必须从设计开始就对舾装件的信息进行编码,

形成信息数据库,进行比设计作业更细的管理。

为逐个识别一般船舶舾装的部件,使其从设计至安装阶段的作业能合理进行而编制的最小单位的代码,称之为舾装件代码。也可以解释为,为管理舾装件而按一定的分类标准定下的体系,分别给单个舾装件所取的符号叫舾装件代码。

舾装件在甲、居、机、电之间能够统一到其形式和构成要素为止,除此之外的细则不能成为统一的对象。因此,甲、居、机、电之间在形式和构成要素的框架内,必须制定各种舾装件的编码细则。

舾装件代码的编制范围,原则上从设计到安装阶段的舾装作业要使用的舾装件全部都要编上代码。但舾装件代码的作用能由舾装件代码以外的项目来实现和在安装阶段不需要舾装件代码的,则可以不编代码。有关适用的情况,需要根据甲、居、机、电单位的细则加以确定。

下面以船舶总公司《舾装件代码》编制工作组基本统一的舾装件代码分类和构成要素为例加以说明:

1)舾装件代码的分类

按舾装件的生产特征,舾装件代码可以分为以下四大类:

(1)管装件代码。

(2)电装件代码。

(3)其他舾装件代码。

(4)设备类代码。

2)舾装件代码的编写格式和编写要素

建立舾装件代码的目的在于单独识别舾装件,在识别舾装件时,从设计作业至安装作业过程中存在各种各样的作业,要使用的舾装件的单位或大或小,并非一定是相同的。对此,若把舾装件的单位规定为一样是不实用的,那么怎样规定呢?应按甲、居、机、电来分别制定细则,以能识别舾装件的几何图形为准,一定要使其不偏离合理进行作业这个目的。

(1)管装件代码。管装件代码包括管子代码、管路舾装件代码两类。

①管子代码,如图1-10所示。

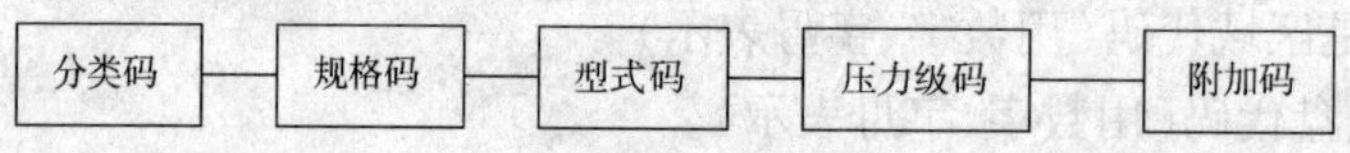

图1-10 管子代码

②管路舾装件代码,如图1-11所示。管路舾装件包括:管材、连接件、套管、预制弯头、异径接头、覆板、附件、管支架、管支架垫片、测量管用防击板与测量短管封板。

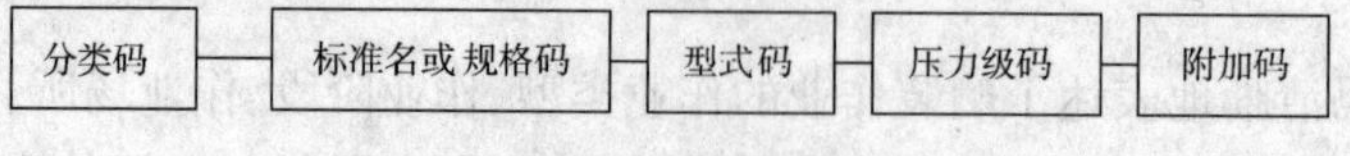

图1-11 管路舾装代码

(2)电装件代码,如图1-12所示。

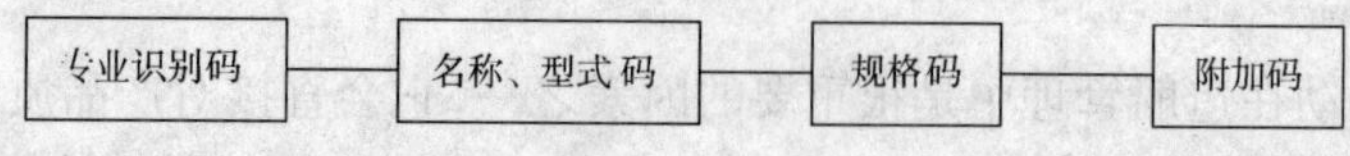

图1-12 电装件代码

(3)其他舾装件代码,如图 1-13 所示。其他舾装件指的是除管装件、电装件和设备类以外的所有舾装件。由于其他舾装件的门类繁多,不像管装件、电装件、设备类那样有规律性和容易分清楚,所以其他舾装件代码是较复杂、较难编制的一类代码。

图 1-13　其他舾装件代码

(4)设备类代码,如图 1-14 所示。

图 1-14　设备类代码

上述各类编码要素可以简化描述,如图 1-15 所示。

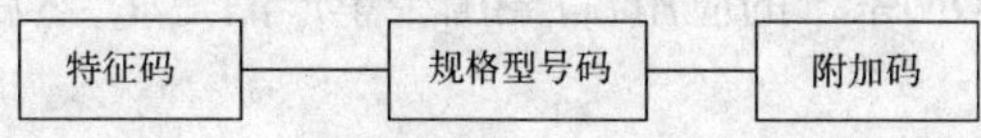

图 1-15　各类编码要素简化描述

3)代码示例

下面列举其中的两种(其他舾装件代码和设备类代码)进行说明。

(1)其他舾装件代码示例,如图 1-16 所示。

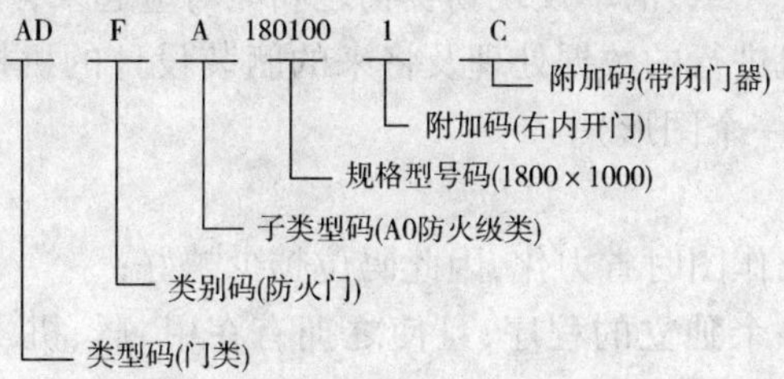

图 1-16　其他舾装件代码示例

含义说明:代码 ADFA1801001C 表示,门类的 A0 级防火门,规格为 1800mm×1000mm,右内开,带闭门器。

(2)设备类代码示例,如图 1-17 所示。

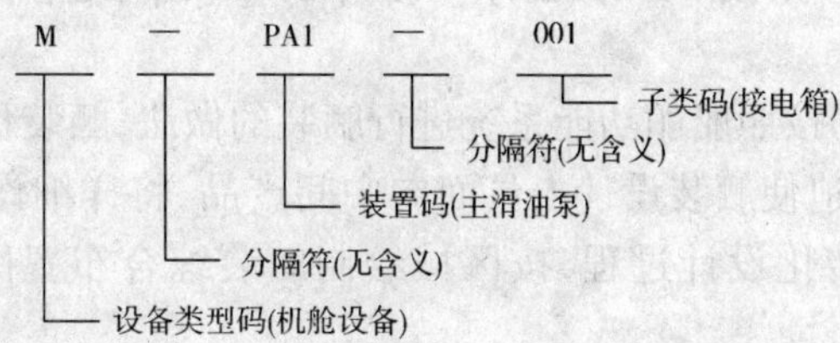

图 1-17　设备类代码示例

含义说明:代码 M—PA1—001 表示机舱设备类的主滑油泵接电箱。

4)不编代码的舾装件

有些舾装件即使没有代码也能进行合理作业,即可以不编代码,例如:

(1)在部件汇总上,它是明显细小的零件,在图纸上无法表示的小五金件。比如,通常用的螺钉、螺母、衬垫、钉子等。

(2)不能用一般的个数来表示的流动体,在图纸上表示不出形状的物体。比如,水泥、环氧树脂垫片、电线管用的填料等。

(3)在图纸上表示不出来的物件。比如,用备品、供应品清单来处理的物体等。

5)建立和完善舾装件代码

(1)前提条件。

①成本区分代码(指已建立的工厂代码)是一个纲领性代码,以维持现状为前提进一步把它完善;

②以不改变生产设计程序为原则;

③尽可能把《船舶工业物资代码》的内容纳入进去;

④结合引进软件 TRIBON 系统的应用,首先围绕单产品建库,然后逐步把舾装件代码系统建立起来;

⑤不与舾装作业代码进行体系上的结合,所以没有补充舾装作业代码的作用;

⑥不与各种图纸的图面表示相联系,只在电算系统中运行。

(2)编码的目的、使用方法。

①舾装件的编码对象以舾装件的安排、集配及安装单位为最小单位;

②舾装件代码是为了使图纸、清单及现场实物之间能对应起来;

③舾装件代码在计算机进行的数据处理及将来的舾装设计的机械化等中,将会成为某个中间产品的关键(即一个码一个图形)。

(3)编码的方法。

①舾装件代码为看图及作图时省力化,因此码位越少越好;

②体系应尽可能做成一个独立的程序,且使之拥有在甲、居、机、电单位某种程度上的自由度。

3. 托盘管理代码

托盘管理的舾装代码应符合工厂编码系统的标准,详见第五章。

第五节　船舶舾装生产设计出图阶段管理

区域舾装法突破了传统的按照船舶功能系统进行舾装的做法,舾装作业不再按系统组织,而是按区域计划和组织,这就迫使舾装设计人员面向中间产品,将详细设计的系统原理图、系统图和系统材料表等,经过转化设计过程,按区域绘制舾装综合布置图和制订托盘划分文件等。

一、舾装综合布置图

舾装综合布置图是舾装生产设计的基础,也是舾装生产设计的工作母图。这种设计方法开始只是在管系方面应用,后来逐渐扩大到通风、空调、电缆、机电设备、铁舾装、居住舱室的木舾装,现在发展到除了船体结构以外,所有的舾装件均进行综合布置。通过对舾装件同船体结构之间、舾装件同舾装件之间的相互位置关系进行合理布置，经反复调整定位，然后再按照一定的专业，分别绘制各自的制作图、安装图，以及各种管理图表、材料汇总表等。

舾装综合布置图必须将各个不同的专业、不同的系统，按照划分的区域进行综合布置，也就是说，在综合布置图上可以模拟除船体以外的所有舾装部分在图纸上安装的全过程。

综合布置图所包含的内容非常广泛，它可以将船舶的每一个空间都用图纸的形式反映出来，在图纸上进行综合调整、合理布局，然后再按照不同专业绘制制作图和安装图。各不同部位的综合布置图所包含的主要内容也不一样。

1. 综合布置图的概念

除船体结构外，船舶各个区域、各个部位，还设置各种各样具有各种功能的机械设备、电气设备、航行设备、救生及生活设备和设施。为使这些设备和设施正常工作，还需要配备和敷设各种管路、通风、电缆、交通装置等大量的舾装件。为使这些舾装品安排布置合理、适用、使用方便、互不干扰，就必须从全局观点出发，进行统筹，这种统筹以区域性的综合布置图的形式表达出来。也就是说，在图纸上分区域进行全面规划，综合安排和协调后，以求得各专业在每个区域内的矛盾和问题在图面上得以解决，在这种指导思想下所设绘的图纸，就是综合布置图。

舾装综合布置图就是从全局的观点出发，把舾装件在加工制作、安装等施工过程中出现的各种矛盾和问题，在图面上妥善解决。

2. 综合布置图的主要内容

1）机舱综合布置图的主要内容（图 1-18）

（1）船体结构轮廓。

（2）主机、轴系、发电机、锅炉等大型机械设备。

（3）各种辅机、泵、油水箱柜、热交换器，各种压力容器等。

（4）主要电气设备轮廓。

（5）管系、管系附件、阀件的布置。

（6）通风机械设备及通风管路等。

（7）主干电缆基本走向。

（8）地板、格栅、梯子、栏杆等交通装置。

（9）主机、发电机等吊车、吊梁，各种设备，泵的起吊眼板。

（10）各种机械设备、电气设备、泵、油箱水柜等的基座。

（11）管路、通风管路的固定支架。

（12）平台挡油、挡水的平铁和围圈。

（13）分段预装、单元组装的范围及编号等。

2）舱室与甲板综合布置图的主要内容

船装区域范围一般是指除机舱以外的所有部位。它包括的内容多、范围广、涉及的专业也比较多，所以通常又分为舱室和甲板两部分。舱室一般是指居住舱室的木舾装、管舾装、空调及电装的一些有关内容；甲板是指居住舱室外的管舾装、甲板铁舾装及电装的一些有关内容。

（1）居住舱室综合布置图的主要内容。

①居住舱室各层甲板的平面轮廓，船体结构及各房间的分布等；

②居住舱室的内外通道及梯子、栏杆等；

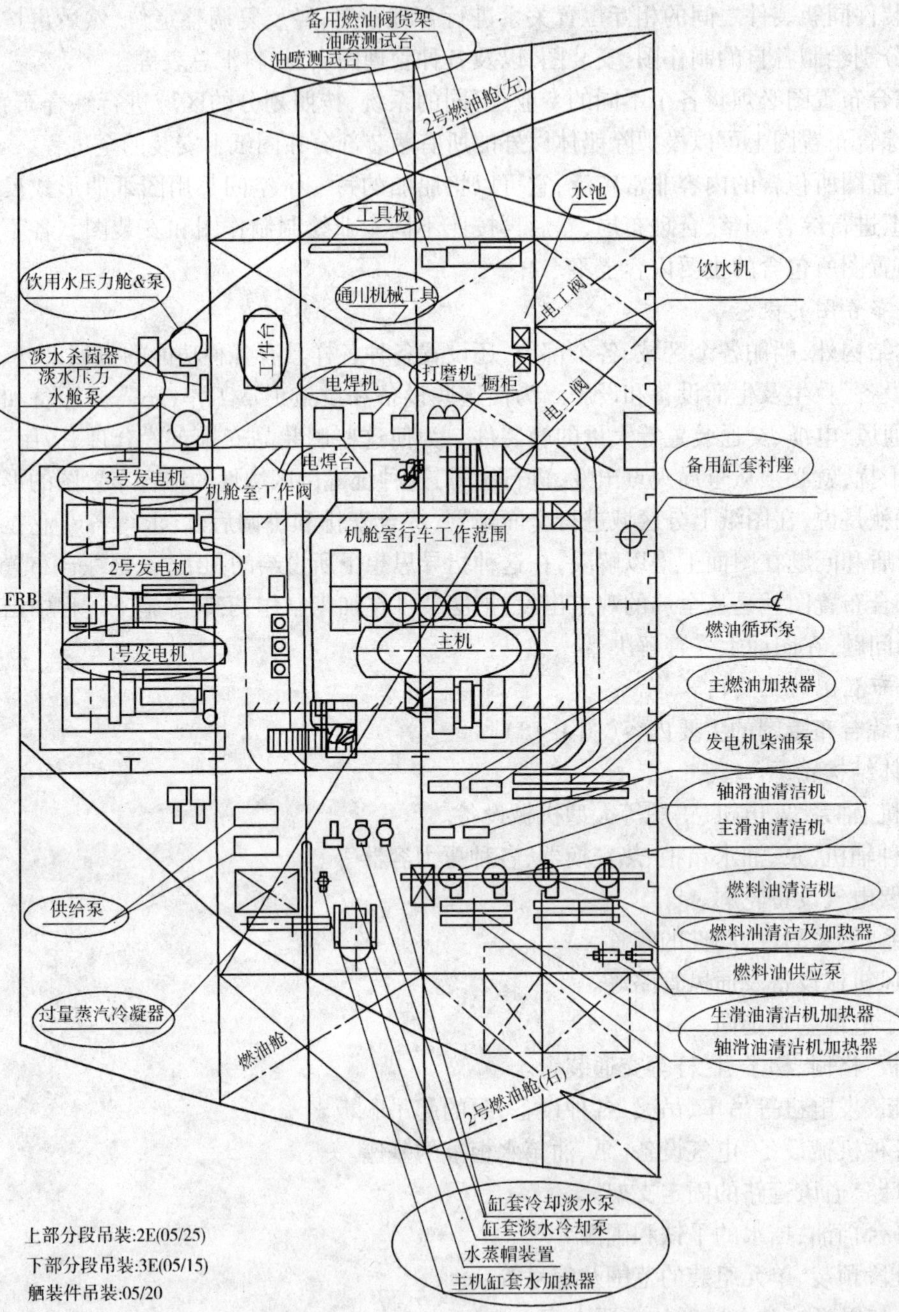

图 1-18　某船机舱舾装综合布置图

③各舱壁的结构形式，包括钢制围壁与衬板，以及由木刨花板、硅酸钙板或复合岩棉板组成的独立舱壁；

④各层甲板、舱室天花板的高度、结构形式等；

⑤门窗的类型、开向、安装位置及通孔尺寸；

⑥每个房间的床、柜、桌、椅、沙发等家具，设备的外形轮廓及安装位置；

⑦洗脸盆、浴缸、大小便器、淋浴器等卫生设备及设施的布置；

⑧厨房设备及有关设施的布置；

⑨毛巾架、衣帽钩、幕帘以及其他小型舱室设备的布置；

⑩各层甲板间、舱壁间的绝缘布置；

⑪专业舱室的设备、箱柜的布置；

⑫居住舱室的各管路系统布置；

⑬居住舱室的各种电气设备布置；

⑭居住舱室主干电缆走向位置的布置；

⑮空调设备及空调风管的布置；

⑯管路及空调管支架的布置；

⑰各种灯具及电气器具的布置；

⑱船体结构上的各种管路、空调管、电缆的开孔位置及尺寸；

⑲居住舱室内的有关铁舾装件的布置等。

(2)甲板综合布置图的主要内容。甲板综合布置图(图1-19船艏部甲板)的范围较广，内容多而零乱，一般包括如下一些内容：

①区域的船体轮廓及有关结构；

②甲板及舱室的各种机械设备、油水箱柜、泵等的布置；

③各系统管路的布置；

④有关电气设备的布置；

⑤机械通风、自然通风及其设备的布置；

⑥各种管路、通风支架的布置；

⑦船体结构上的有关开孔及尺寸；

⑧标注管系及附件的有关代号、规格、坐标等；

⑨锚泊设备的布置，主要包括：锚机、绞缆机、锚链筒、锚链管、备锚及固定装置、掣链器、弃链器、带缆桩、导缆器及基座等；

⑩起货设备的布置，主要包括：起货机及基座、吊臂及托架、起货吊钩、紧固眼板、千斤绞车等；

⑪舵设备的布置，主要包括：舵机及基座、舵杆、舵叶、舵承及舵承基座等；

⑫扶梯、栏杆及天幕，主要包括：各种扶梯(直梯、斜梯)、各种踏步、舷梯及舷梯起落装置、钢索导向滑轮、栏杆、栏杆门、旗杆等；

⑬门窗的布置，主要包括：各种水密门、非水密门、金属门、金属网门，各种规格的方窗、圆窗和舷窗等；

⑭舱口、人孔盖的布置，主要包括：各种规格水密小舱口盖和非水密小舱口盖、各种规格人孔盖等；

⑮救生设备布置，主要包括：救生艇、吊艇架、起艇机、救生筏、救生圈等设备；

⑯桅杆信号设备布置，主要包括：灯桅、雷达桅、天线、舷灯、艉灯、锚灯、信号灯支架、卫星通信电线柱等；

⑰消防设备布置，主要包括：消防水龙带箱、灭火机架、泡沫炮及基座、大平斧屋架、沙箱及

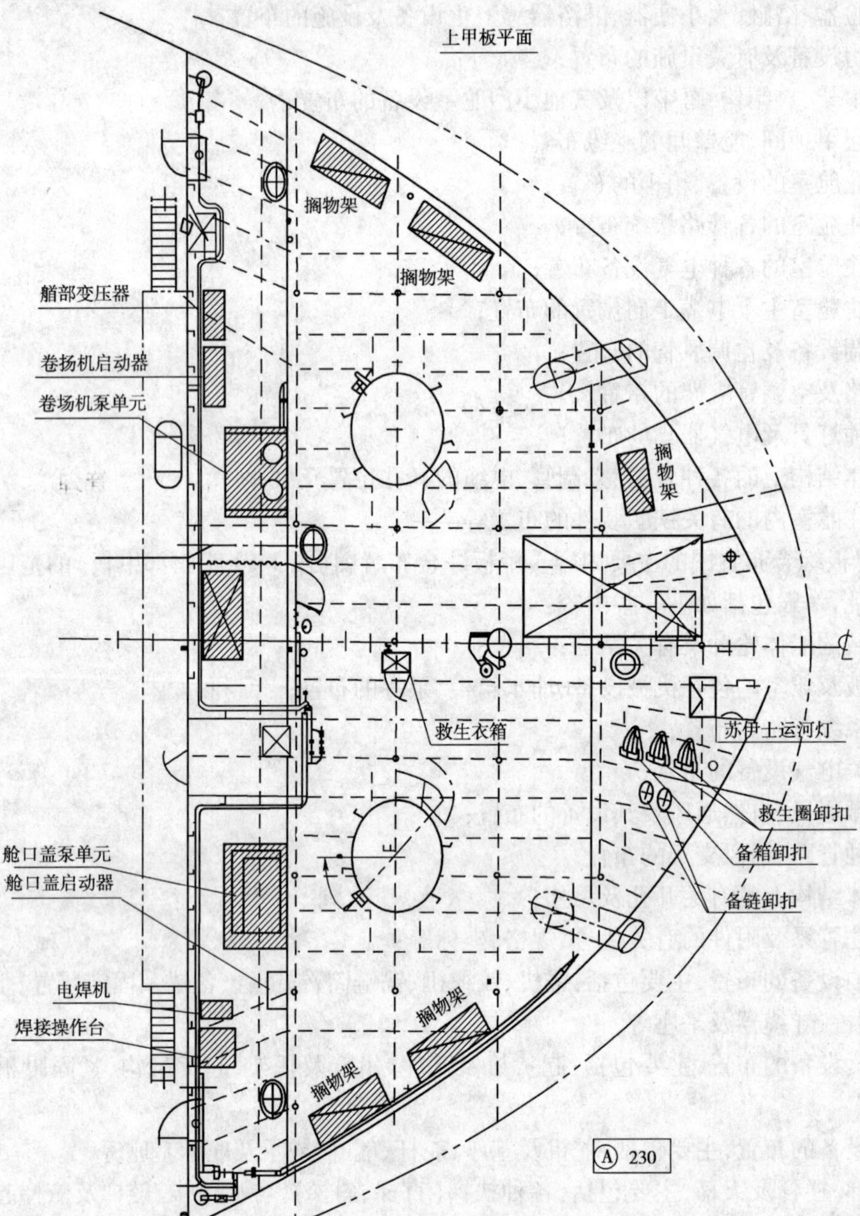

上甲板平面
搁物架
搁物架
艏部变压器
卷扬机启动器
卷扬机泵单元
搁物架
救生衣箱
苏伊士运河灯
救生圈卸扣
备箱卸扣
备链卸扣
舱口盖泵单元
舱口盖启动器
电焊机
焊接操作台
搁物架
搁物架
Ⓐ 230

图 1-19　某船艏部甲板舾装布置图

其他舱面消防杂件等；

⑱其他杂件布置，主要包括：货油泄放平台及接油槽，甲板挡油挡水围圈及围板，有关电缆与管路及设备的保护罩等内容。

（3）专业舱室综合布置图的主要内容。专业舱室一般是指舱室中以安装电气设备为主的舱室，如：报务室、雷达间、电工工作间、变流机室、蓄电池室等，其综合布置是按舱室为单位进行电气设备、器具及有关舾装件的布置。在以电气设备为主的专业舱室和以机装、船装为主的各区域的综合布置中，应包括如下电气方面的有关内容：

①以电装为主的电气专业舱室及有关区域的船体轮廓;

②电气专业舱室中的木壁、绝缘、空调、通风、管路、家具、门窗等的具体布置;

③电力系统布置内容,主要包括:电机、主配电板、集合起动器、起动盘、专用设备电盘、电箱及厨房电气设备等;

④照明设备布置内容,主要包括:各种灯具、开关、插座、电暖器、电扇等;

⑤内部通信系统布置内容,主要包括:各种电话及指令装置、联络信号及警报信号装置、扩音装置、对讲机等;

⑥观通导航系统布置内容,主要包括:雷达、测向仪、陀螺罗经、自动驾驶仪、舵角指示器、测深仪、气象仪、定位仪、卫星航海指示器等。

二、工作图与管理表

在生产设计事前准备工作的基础上,可以全面绘制生产设计工作图与管理表。对船体生产设计来说,主要是绘制船体工作图和管理表;对舾装生产设计来说,应在绘制舾装综合布置图的基础上,分别绘制安装图、零件图、制作图和托盘管理表等。

1. 工作图

工作图是指开展生产设计所出的图纸。它是根据详细设计阶段绘制的船体结构图以及各种舾装图纸(包括综合布置图),并按船厂生产管理体系、生产技术手段、工艺流程、施工要领与建造精度,所设绘的指导具体施工的图纸。在设绘工作图的同时,还必须对各类部件、分段、舾装区域与单元编制零件表。因此可以认为,工作图就是施工方法的图表化。

工作图也不是一成不变的。同一条船在不同的船厂建造,可能采用不同的施工方法,那么工作图的形式也就不同。工作图的形式可以不同,但其基本内容、作用是相同的。工作图是直接指导施工用的图纸,通过工作图向作业者发出作业执行命令,通常应该包括下列项目:

(1)作业对象。

(2)作业量。

(3)作业场所。

(4)作业方法。

(5)作业开始时间。

(6)作业结束时间。

(7)作业者。

工作图的技术语言是各种工艺符号与编码、数字等。各企业都应建立有关标准,统一技术语言。只有这样,才能开展生产设计。生产设计是现代化、高质量、高效率、低成本造船的重要手段,也是设计和工艺技术管理体系上的改革。生产设计的图纸不只是产品的功能设计图,还应该完整地包括施工工艺和管理方面的要求。图1-20是某单元管子制作图。

2. 管理表

管理表是指设绘生产设计工作图过程中所提供的关于工艺流程、材料、设备、半成品的配套、成本控制、工时、物量负荷的平衡和生产规程计划控制等方面工作所需的图表。编制生产设计管理表的目的在于提供给计划和生产管理部门作为组织、协调和计划开展各项管理工作的直接依据。表1-3是工时汇总表。

序号	下料长度	规格及材质	实用料长
1	2853	无缝钢管 60×4 Ⅲ	2853
2	157	无缝钢管 48×4 Ⅲ	107
3	157	无缝钢管 48×4 Ⅲ	107
4	166	无缝钢管 60×4 Ⅲ	116
5	1	法兰 16050 GB 2506—89	5
6	1	法兰 16050 GB 2506—89	5
7	1	法兰 16040 GB 2506—89	5
8	1	法兰 16040 GB 2506—89	5
9	1	法兰 16050 GB 2506—89	5

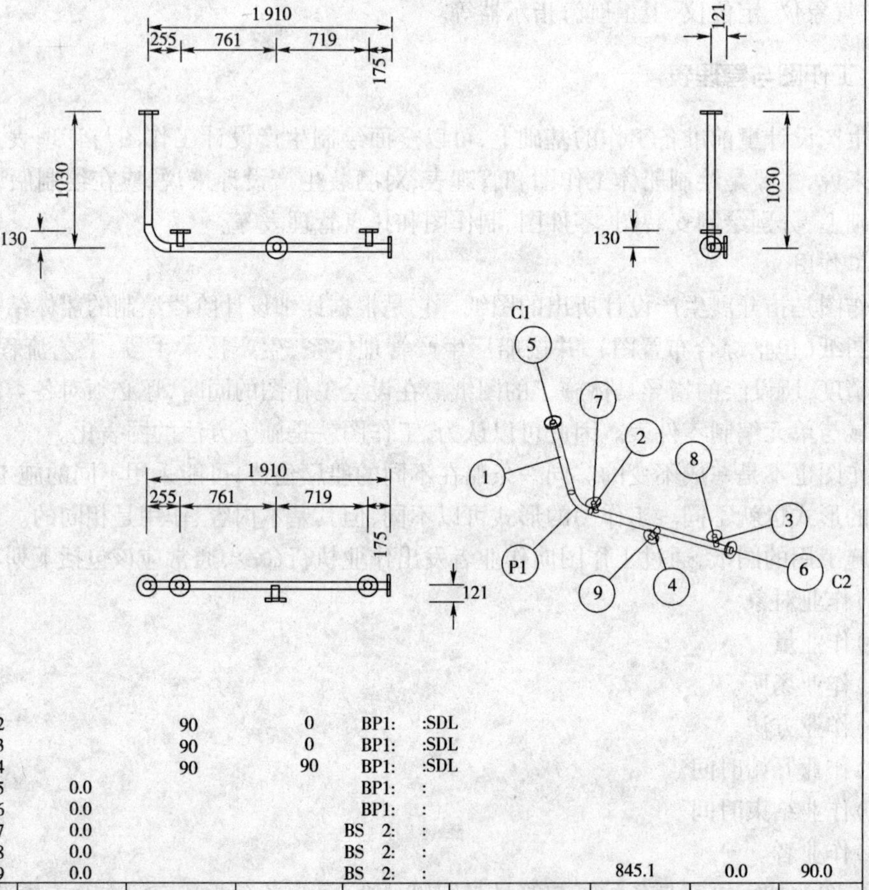

序号	法兰转角	支管夹角	支管转角	注释	分段:M4F	起弯点	转角	弯角
2		90	0	BP1: :SDL				
3		90	0	BP1: :SDL				
4		90	90	BP1: :SDL				
5	0.0			BP1: :				
6	0.0			BP1: :				
7	0.0			BS 2: :				
8	0.0			BS 2: :				
9	0.0			BS 2: :		845.1	0.0	90.0

装配信息				系统代号:XG	弯曲半径	180
C1端坐标	X=x17+366	C2端坐标	X=x19-404	管件加工代码	热浸锌	
	Y=15827.3		Y=13917.3	试验压力: MPa		
	Z=5H+285		Z=5H+285	管子重量: 29 kg		

图 1-20　某单元管子制作图

工时汇总表　　　　表1-3

工时单位:h		58000T6#-11#	58000T12#-14#	203000T1#	388000T3#
项目工时（工艺路线核定）	钳工工时	5470	482	3409	
	铆工工时		1024	2254	
	管工工时		2428	8635	
	合计		3934	14298	
二次拆解复装工时（工艺路线核定）	钳工工时		拆解、加强、通知单共2832h	960	
	铆工工时				
	管工工时			1174	
	合计			2134	
通知单工时（工艺路线核定）	钳工工时			1015	
	铆工工时				
	管工工时				
	合计				
工艺路线核定工时总计		5470	6766	17447	
单元总数量		21		132	
需拆解单元数量				32个正常拆解 6个需二次拆解	

SIKAO YU LIANXI

一、填空题

1. 按专业划分，舾装中的船装又可划分为（　　）、（　　）、（　　）和（　　）四个方面。

2. 管理组是生产设计室的管理职能部门，它的主要工作是（　　　　）和（　　　　），也负责在生产设计阶段同（　　　　）的联系和交涉。

3. 生产设计的事前准备包括（　　　　）准备、（　　　　）准备和（　　　　）准备三方面内容。

4. 计划准备包括确定船舶建造的（　　）计划、（　　）计划和（　　）计划，最终编制（　　）日程表，以控制船舶设计与建造的各主要环节。

5. 舾装综合布置图通过对（　　　　）之间，（　　　　）之间的相互位置关系进行合理（　　），经反复调整最后定位，然后再按照一定的（　　），分别绘制各自的工作图及各种管理图表等。

二、名词解释

1. 舾装生产设计。

2. 编码。

3. 舾装综合布置图。
4. 工作图。
5. 管理表。

三、简答题

1. 舾装生产设计的主要内容有哪些?
2. 舾装生产设计的特点有哪些?
3. 编码的原则有哪些?
4. 生产设计中,第二种管理体制形式的优缺点是什么?
5. 舾装计划的编制与协调工作有哪些?

第二章　生产作业管理

● **学习目标**

知识目标

1. 了解生产作业管理的主要任务;
2. 了解资源管理、物资配套管理内容;
3. 了解生产作业计划的特点;
4. 了解生产协调的基础工作。

能力目标

1. 掌握生产计划的监控与落实方法;
2. 具有作业工程控制管理能力;
3. 具有作业现场管理能力;
4. 具有生产作业协调能力。

第一节　生产作业管理的主要任务

图2-1为舾装生产要领图,现代造船生产管理必须根据作业类型的不同制订相对应的计划模型,必须根据区域管理的不同要素制订相对应的管理方式,必须根据各阶段管理的重点制订相对应的管理要领,从而实现"空间分道、时间有序"的新型造船管理要求,以适应按类型、按区域、按阶段的生产方式。

生产作业管理的主要任务是要求舾装生产作业按照预定的计划和工艺要求有秩序地顺利进行,从而保证舾装产品的质量、成本、交货期,以达到控制计划、缩短船舶建造周期的目标。生产作业管理是企业管理的重要组成部分。为保证舾装生产作业按要求完成,应从生产系统设计、生产运行管理和生产系统维护这三方面入手。

一、生产系统设计

生产系统设计包括舾装生产作业的设计、生产设施的选址和布置以及工作设计。生产系统的设计一般在舾装生产初期进行。但在整个生产系统的周期内,如果需要扩建新设施、增加新设备,或者由于产品的变化,需要对生产设施进行调整和重新布置,都会遇到生产系统设计问题。

二、生产作业运行管理

生产作业运行管理主要涉及生产计划、组织、控制三个方面的内容。

1. 生产计划

生产计划是用以解决生产什么、生产多少和何时出产品的问题,包括预测舾装品交货期、编制生产计划、做好人员班次安排、统计生产进展情况等。

内装
家具制作
内舾装件
灯具
小五金
托盘集配
托盘集配
托盘集配
电装
电缆电器
电铁舾件
托盘集配
机装
模块制作
机械设备
托盘集配
202分段盆舾装
上层建筑组装
外装
舾装件制作(外订)
托盘集配
船体(涂装)
零件下料加工
小合拢
中合拢、涂装
分段预舾装(211分段正反预舾装)
管配
管附件外订(自制)
管子加工
托盘集配
单元组装
上船台大合拢、舾装
系泊试验、试航

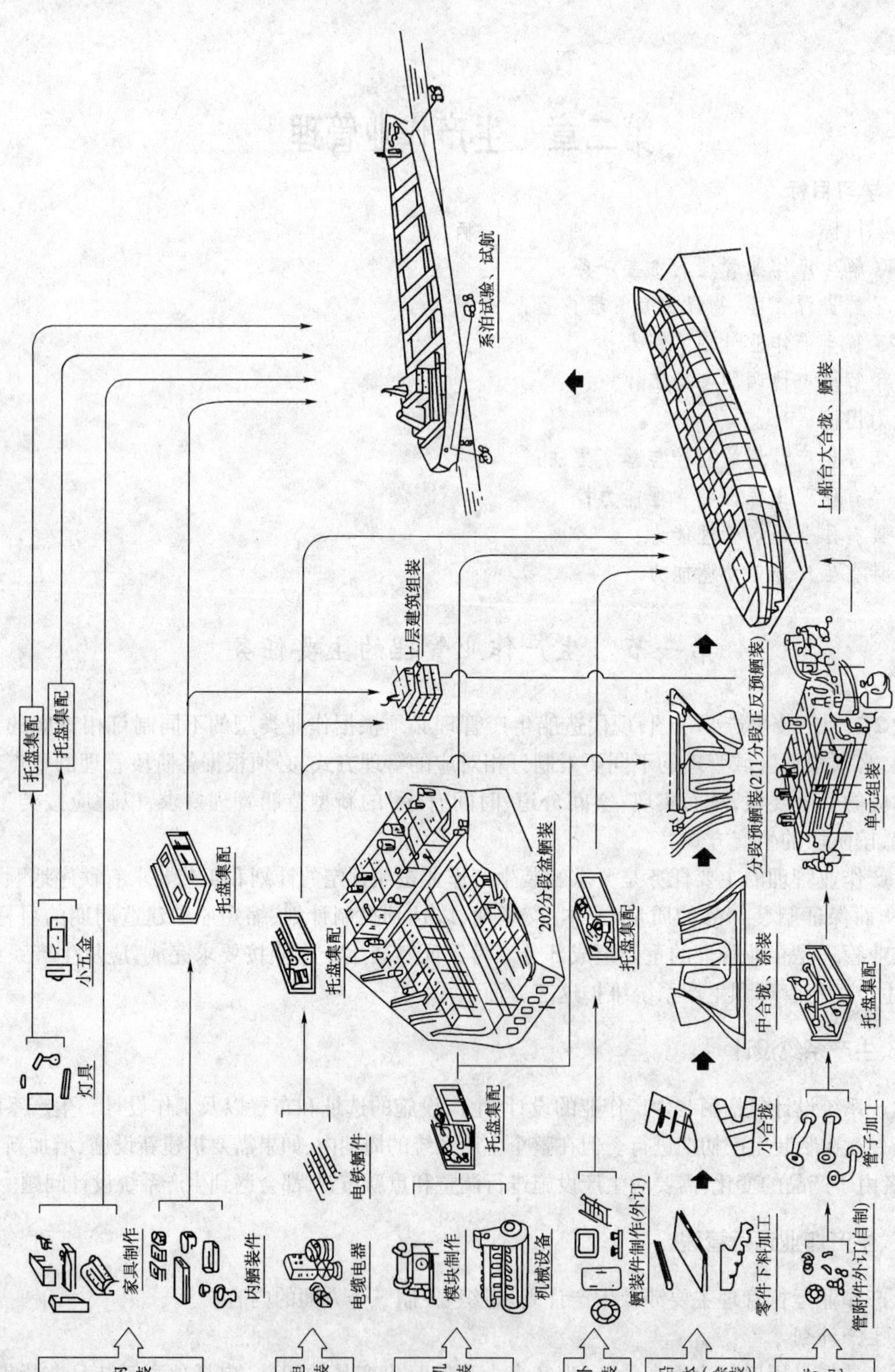

图 2-1　舾装生产要领图

2. 组织

组织是用以解决如何合理组织生产要素，使有限的资源得到充分而合理的利用的问题。生产要素包括劳动者（船厂工人、技术人员、管理人员和服务人员）、劳动资料（设施、机器、装备、工具、能源）、劳动对象（钢板、毛坯、型材）、信息（技术资料、舾装图纸、技术文件、工作指令）。

3. 控制

控制是用以解决如何保证按造船计划完成舾装任务的问题，主要包括生产进度控制、库存控制和成本控制等。

生产运行管理的内容包括：生产计划、物料需求计划、能力计划、生产作业计划与控制、库存管理、项目管理、质量控制、物流管理（后勤管理）等，它们之间的关系如图2-2所示。

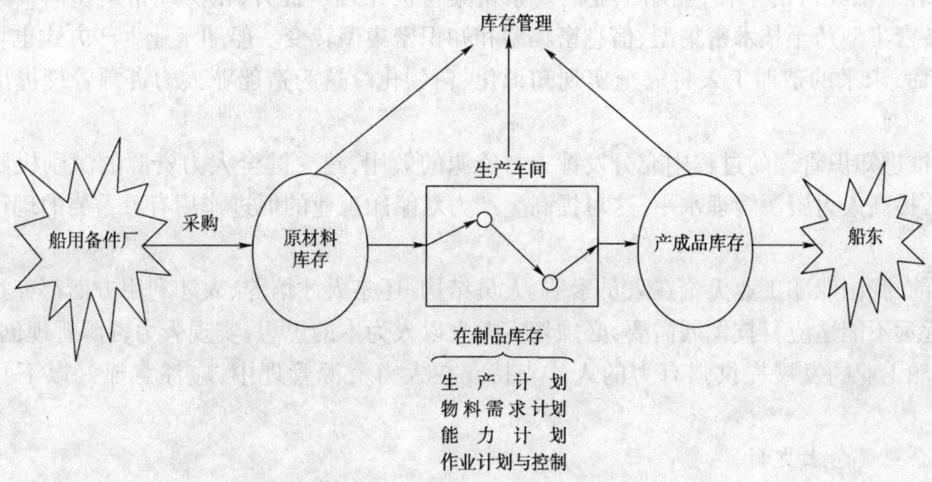

图2-2　生产运行管理流程

三、生产系统维护

随着生产系统的运行，组成生产系统的设备和设施会出现老化、故障、毁损等现象，这将影响生产系统的正常运行、降低生产效率和产品质量。只有通过正确维护和不断改进生产系统，才能缩短造船生产周期，持续地为船东提供合格产品和满意服务。

生产系统维护的主要内容是设备管理，其主要包括：

（1）依据企业经营目标及生产需要制定设备规划，主要是设备的添置和更新改造计划的制定。

（2）选择、购置、安装调试所需设备。

（3）对投入运行的设备正确、合理地使用。

（4）维护和及时检查设备，保证设备正常运行。

（5）适时改造和更新设备。

第二节　资源管理

船舶舾装的资源管理主要体现为:人力资源管理、物资管理和设备管理三个方面。

一、人力资源管理

船舶舾装名目繁多、作业面大、综合性强、周期长,是劳动密集型生产作业。过去人力资源管理的层次较低,侧重点多放在处理劳资关系方面,因而劳动工资一度成为影响竞争力的决定因素。但是近年来造船企业在深入发展以成组技术为核心的现代造船模式、大规模投资现代化改造和广泛应用计算机技术等方面做出很大努力,使生产自动化程度和生产效率大幅度提高。随着知识经济的来临,船舶工业的要素密集特征在逐步提升,由劳动密集型向资金密集型、设备密集型乃至技术密集型、信息密集型和知识密集型转变。船舶工业生产方式也将发生一场革命,未来的造船工人将完全实现知识化、白领化。这为造船业人力资源管理提出新的挑战。

在推进知识管理的过程中充分发挥人力资源的效用,建立健全人力资源的激励机制和约束机制,提高人力资源管理水平,这对提高生产力对船舶工业的促进作用有着重要的理论和实践意义。

当前,我国船舶工业无论在人员素质、人员结构,还是人才培养、人才利用方面都存在很多问题,远远不能适应科技发展需要,必须切实树立以人为本的思想,实现人力资源管理创新,为我国船舶工业的发展提供强有力的人才支持。在人力资源管理中,应注意抓好以下几方面工作:

1. 企业观念上更新

管理创新与技术创新是企业发展的力量之源。知识管理为我国造船企业实现跨越式发展提供了一次机遇。知识管理是一个动态、持续的,知识获取、储存与创新过程。由知识员工不断地把个人显性与隐性知识转变成组织知识,并不断扩大组织的智力资本以增加组织竞争力的过程。简单说,知识管理是利用企业所拥有的知识为企业创造竞争优势和持续竞争优势,利用集体的智慧提高企业的应变和创新能力,对知识、知识创造过程和知识的应用进行规划和管理,也就是把知识作为资产来进行管理。将人力资源管理纳入到企业的知识战略中,使其围绕提升企业的核心竞争力这个目标,只有这样,企业领导才能从企业发展的战略高度推进以人为本。

2. 企业要为人力资源管理创新提供体制保证

首先,企业从战略层次上应当为人力资源管理创新提供体制上的保证。应当在总经理的领导下设立或指定相应的机构来策划、督导、推进人力资源管理创新。其次,在职能层次上,要充分发挥人力资源部门与技术部门等其他职能部门间的沟通与协调,应将知识管理纳入到产品开发等管理之中,并将其作为人力资源管理的一项重要职能。对于技术部门,同样应当重视产品开发中人才知识的管理,并将其作为产品开发管理过程的重要组成部分。

3. 人力资源管理创新应与学习型组织的建设相结合

知识管理与学习型组织之间存在固有的联系。推进人力资源管理创新一定要引入学习机

制，注重企业人才培养和继续教育，使企业的科技人员和技术工人不断补充和拓展新的知识，提高技能水平，完善知识结构。国外造船企业对人才的培养和教育问题非常重视，投入大量资金用于职工在职培训和教育，并取得了良好的效果。据美国政府的一项调查，在新设备上的投资每增加 10%，生产效率平均提高 3.4%；在职工教育上的投资每增加 10%，可使生产效率提高 8.6%。

4. 构建完善的激励和约束机制

首先，在企业文化方面，形成尊重知识、尊重人才的价值取向。实现人力资源管理创新，要求企业进行相应的文化建设，全面推进与此相适应的企业理念文化、制度文化和形象文化建设。其次，引入竞争机制，进一步完善专业技术职务聘任制度，改进人才评价办法，制订有效的、对各类人才选拔和奖励的政策。在经济利益激励方面，针对人力资本，例如技术创新者，引入区别于企业其他员工的工资制度的薪酬制度。总之，营造一个有利于各方面人才施展才华的良好环境。

二、物资管理

在实施船舶舾装生产的过程中，现场往往需要大量的船用物料、备件。这些船用物料会直接影响造船成本和工程进度。

1. 船厂舾装环节物资管理中存在的问题

计划经济时代，因物资短缺，为筹集资源、保证供应，各大船企对物资管理比较重视，在企业各层次都设立了较为完备的物资管理机构。而市场经济时代，物资市场成了买方市场，造船企业因此认为，物资部门可有可无，只要找几个人管好物资就可以了，这就造成了物资管理工作严重滑坡，存在的问题有以下几点：

(1)物资管理的规章制度不健全、不更新或不落实。

(2)物资采购行为不规范，招标采购流于形式。

(3)部分工程项目不按定额领、发料，造成物资超耗浪费。

(4)工程项目多、分布广，管理跨度大，物管专业人员少，整体素质偏低，且管理方法和手段落后，成本核算观念淡薄。

2. 物资管理标准

物资管理必须有明确的标准，然后才能进行绩效评估和工作改进。物资管理的标准有以下几个方面：

(1)数据准确。各舾装区域需要什么物资就供应什么物资，需用多少就供应多少，做到工完料净。

(2)质量合格。物资管理的全过程要严格执行 ISO 9000 标准，做好船用材料和备件的检验、试验、验收、标识等工作，防止未经检验和试验或不合格的造船物资投入使用。

(3)价格领先。采购的造船物资价格必须低，以增强企业的成本竞争能力。降低价格水平的主要措施是实行物资招标采购。

(4)经济合理。要求物资管理部门详细调查了解物资运价及运输线路，运筹优化运输方案，以降低运杂费。同时以信息储备代替实物储备，尽量实现零库存供应。

3. 物资管理工作的重点和措施

提高物资管理水平是个系统工程，几乎涉及造船企业管理的方方面面，进行物资管理工作重点注意以下几点：

(1)识别并有效控制物资管理过程。在建立和保持质量管理体系的过程中，对物资管理过程的识别是否充分、是否能进行有效控制，将直接影响企业质量管理体系运行的有效性和最终船舶产品的质量。比如2008版ISO 9001标准涉及物资管理过程的主要要素有：采购、标识和可追溯性、客户财产、产品防护、产品监视等。

(2)建立物资管理监控体系。首先，强化财务对成本的控制。财务人员不要局限于原始凭证的完备及形式上，应严格审核物资数量和价格的真实性。其次，物资部门要接受广大职工的监督。每季度将主要采购物资张榜公告，公告内容尽可能全面、一目了然。

(3)加强物资管理中的物流管理。对于工程型项目的物资管理，我们要融入现代物流管理思想，把舾装工区现有的物资管理体系，按照物流管理的原则进行重新整合，规划并建立符合物流管理要求的业务流程、组织构架、物资采购、加工整理、联合配送等系统，由单纯的采购、供应业务，全方位转化为面向造船工程项目的综合服务功能上来。运用物流通道，提倡合理配送，减少物资流转的中间环节，降低舾装场地材料储备，保证物资的使用效能，提高船用备件仓储管理信息化水平。加强工程型项目信息化建设，提高信息化水平，使得信息及时、准确的传输反馈成为可能，从而提高库存的自我调控能力，实现造船物资从协作厂地到造船厂的自接供应，减少中间商和各仓库之间的流转过渡，加快库存物资的周转，大幅度降低仓储成本。

三、设备管理

设备指在企业的生产过程中可以反复用于改变生产对象的状态并在使用过程中保持原有实物形态的生产资料，是企业的有形资产。设备不包括生产中耗用的工装模具。随着造船技术的进步，舾装生产工艺也在不断改进，舾装生产设备正向精密化、电子化、自动化、模块化、多功能化、可扩展化方向发展。

设备管理是在设备寿命周期内对设备进行的综合管理工作。设备寿命周期指从设备的规划、购买、安装调试到使用维修直至报废的全过程。具体来说，设备管理包括如下几个内容：

1. 设备的选择与评价

企业为了获得符合工艺要求、性能良好、质量可靠又符合购买能力的设备，需要对设备进行选择和评价。在对设备进行选择时，需要考虑如下因素：

(1)制造能力，指设备必须满足所要生产的舾装品在加工尺寸、精度、质量等方面的工艺要求。同时，还要考虑到未来舾装品的更新换代对设备制造能力的要求。制造能力是选择设备需首要考虑的指标。

(2)生产能力，指设备在单位工作时间能够生产出的产品数量。对于大批量或中批量生产的企业而言，生产能力是非常重要的考虑因素。

(3)可靠性，指设备在规定的条件下和规定的时间内，完成规定功能的正常运行能力。如果设备的可靠性出了问题，舾装品的质量和交货期就得不到保证。因此可靠性也是非常重要的评价指标。

(4)安全性，设备的安全运行对企业的财产和人员的生命提供了安全保障，对于舾装生产

作业而言,避免人员在工作中受伤害是重要的考核指标。因此,安全性是设备评价时需要考虑的。

(5)可维修性,指设备易于维修的特性。设备在运行过程中出现故障是在所难免的,因此在选择设备时,可维修性就应作为一个重要的评价因素。在其他因素基本一致的前提下,尽量选择易于检查、维护和修理的设备。

(6)可操作性,指设备易于操作的特性。虽然现代造船设备功能日趋复杂,但操作却变得简单,复杂的操作往往容易造成操作人员的疲劳和失误,导致人员培训费用的增加,所以应选择操作简便的设备。

(7)节能性,设备的节能包括两方面的含义:一是对原材料的节省,二是对能源消耗的节省。随着能源的日趋紧张和可持续发展思想的建立,社会对企业节能降耗的要求越来越高,因此节能也成为企业需重点考虑的内容。

(8)互换和配套性,企业购买设备时应尽可能使新设备和现有设备配套,并在零部件供应、维护、操作等方面相同或相似,这样可使得设备的维护和培训资源共享,节约设备购置成本。

2. 设备的合理使用

能否合理使用设备将直接影响设备的使用寿命,进而影响生产效率和舾装生产成本。因此,必须根据设备的状况与使用要求正确合理地使用。为了保证设备的合理使用,企业应在如下几个方面做好工作:

(1)为设备配备合格的操作人员。对于新设备,应根据设备的操作技术要求配备相应等级的技术工人。操作工人除具备相应的技术知识外,还应参加针对该设备的培训,做到"三好四会",即用好、管好、保养好和会使用、会保养、会检查、会排除故障,防止因操作不当而造成设备遭受意外损坏。

(2)为设备合理安排生产任务。在安排舾装生产任务时,应将生产任务和设备合理匹配,避免出现"大机小用"、"精机粗用"等现象,应定期对设备进行维护,避免设备超负荷运转。

(3)为设备使用健全管理规章制度。建立健全设备使用规章制度,是管好、用好设备的重要保证。设备使用管理体制及规章制度主要包括设备使用规程、设备维修规程、操作工人职责、班组生产制度等。

(4)为设备创造良好工作环境。良好的工作环境有利于设备精度和性能的保持。舾装生产设备尤其是高精密设备,对温度、湿度、尘埃、振动等都有一定的要求。根据不同的设备要求,企业应安装必要的环境保障装置,配备必要的控制仪器,为设备创造良好的工作环境。

3. 设备的维护和管理

一台设备,从投入生产到大修或报废,其故障的发生是有一定统计规律的。根据试验研究得知,设备的故障率在整个设备使用期间是按一条所谓的"浴盆曲线"分布的,如图2-3所示。纵坐标故障率 $\lambda(t)$ 是反映系统、机械或零部件在给定工作时间内由完好状态转向故障状态的概率。

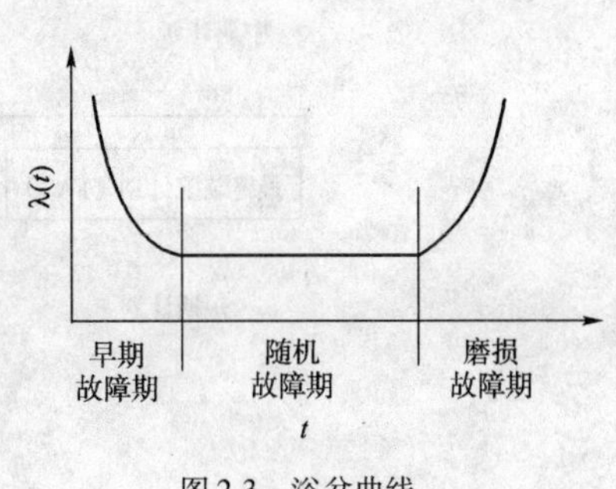

图2-3 浴盆曲线

(1)早期故障期(磨合期)。这一阶段发生在设备生命周期的早期,此时设备刚刚投入使用,零部件需要磨合,操作者也对设备操作不熟练,往往会导致较多的故障。随着

缺陷的消除和使用的熟练,故障会逐渐减少,经过一段时间后,故障率就相对稳定了。

(2)随机故障期(偶然故障期)。这一阶段发生在设备生命周期的中期,此时设备磨合完成,操作者也更熟悉设备的特性,此时所出现的故障往往是由于维护不好或操作失误等偶然因素造成的,发生故障的时间很随机,而且无法预测,这一阶段的特点是故障率较低且稳定,该阶段的时间也较长,是设备的正常运转阶段,这一阶段称为偶发故障期。

(3)磨损故障期。这一阶段发生在设备生命周期的后期,此时设备已接近设计的报废期,设备内零部件也达到剧烈磨损阶段,这一阶段故障率又会大幅上升。

针对设备故障变化的特点,可以有针对性地在设备管理中采取不同的对策。在早期故障期,应在设备投入使用前考虑到故障率较多的特点,做好设备的前期管理工作,在投入生产前要进行严格的试运行,并按规定进行调试和做好维护的准备工作。

在随机故障期,故障主要是运转操作不当所致,因此主要对策是执行正确的操作,进行预防维护,提高操作工人与维修工人的技术水平。

在磨损故障期,由于设备的零部件已经接近设计寿命,因此主要对策除实行设备预防维护外,还应在适当时期进行设备的技术改造并做好设备新旧更替的准备。

第三节 生 产 计 划

生产计划是关于企业生产系统总体方面的计划,见表2-1、表2-2。它所反映的并非是某几个生产岗位或某一条生产线的生产活动,也并非是产品生产的细节问题,或一些具体的机器设备、人力和其他生产资源的使用安排问题,而是企业在计划期应达到的产品质量、造船周期和产能等生产方面的指标、生产进度及相应的布置,它是指导企业计划期生产活动的纲领性方案。

生产计划工作由一系列不同类别的计划所组成。这些计划按计划期的长度,分为长期、中期、短期计划三个层次。他们之间相互紧密联系、协调配合,构成企业生产计划工作的总体系。图2-4表示了这三层计划的组成以及各种计划之间的关系。

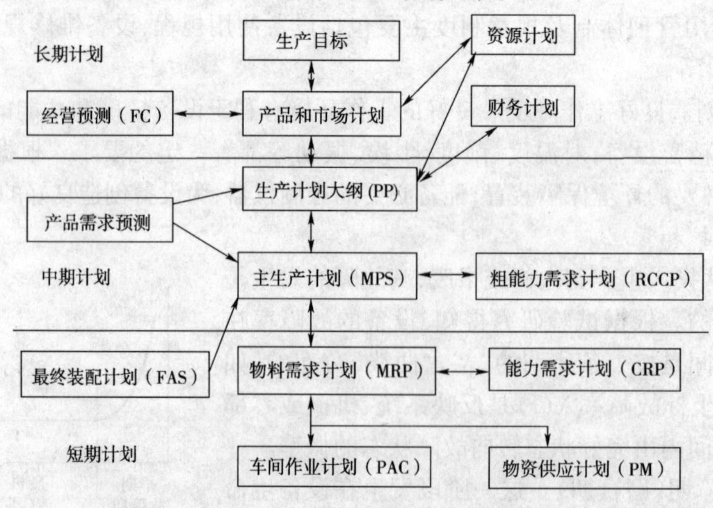

图2-4 生产计划各层关系图

2012 年单元模块铁舾件生产计划

表 2-1

序号	船号	区域	2012 年																																		2013 年		
			2 月			3 月			4 月			5 月			6 月			7 月			8 月			9 月			10 月			11 月			12 月			1 月		
			上旬	中旬	下旬	上旬	中旬	下旬	上旬	中旬	下旬	上旬	中旬	下旬	上旬	中旬	下旬	上旬	中旬	下旬	上旬	中旬	下旬	上旬	中旬	下旬	上旬	中旬	下旬	上旬	中旬	下旬	上旬	中旬	下旬	上旬	中旬	下旬
1	4510013#	预装单元			交																																	
		机舱单元			交																																	
2	45100T4#	预装单元				开		交																														
		机舱单元					开			交																												
3	45100T5#	预装单元							开		交																											
		机舱单元								开			交																									
4	45100T6#	预装单元													开		交																					
		机舱单元															开			交																		
5	45100T7#	预装单元																			开		交															
		机舱单元																					开			交												
6	45100T8#	预装单元																									开		交									
		机舱单元																													开			交				
7	203000T3#	机舱单元			交																																	
8	203000T4#	机舱单元										开				交																						
9	203000T5#	机舱单元																															开				交	
10	320000T4#	机舱单元		开			交																															
11	58000T1#	机舱单元							交																													
12	58000T2#	机舱单元							交																													
13	320000T5#	机舱单元																									开				交							
14	58000T4#	机舱单元																												开				交				
15	58000T5#	机舱单元																												开				交				
16	32000017#	机舱单元		开			交																															
17	320000T8#	机舱单元																									开				交							
18	4000kW 拖轮	机舱单元		开		交																																

生产周计划(1 月第 1 周)

表 2-2

日期 / 产品号	星期一 4 月 23 日	星期二 4 月 24 日	星期三 4 月 25 日	星期四 4 月 26 日	星期五 4 月 27 日	星期六 4 月 28 日	星期日 4 月 29 日
45100T3#	机底单元施工。M2 区、M3 区施工						
	45100T3# 预装单元 131 施工						
	M2A–M2H 交验						
203000T3#	柴发平台交验；分油机单元交验；M2G M3B M3C M3F M2A 交验						
	M3D M3E M3J M3L M3H 完成						
320000T7#	机底单元物资如能到货本周开工						
	预装单元施工						
320000T4#	预装单元 :B 区按需要施工、配送；H 区施工结束						
	机底单元施工						
4000kW 拖轮	M1A M1H M1J M12 交验						
	M1E M1F M1M 完成						
58000T2#	先行单元 M2P M2Q M3B 811 施工						

一、生产计划

企业的生产计划一般来说主要有三种,综合计划、主生产计划和物料需求计划。综合计划是战术层计划、主生产计划和物料需求计划则属于作业层计划,这是三种不同的计划。

1. 综合计划

综合计划又称为生产计划大纲,它是对企业未来较长一段时间(一般为 1 年)内资源和需求之间的平衡所做的概括性设想,是根据企业所拥有的生产能力和需求预测,对企业的生产品种、产量、劳动力水平、库存投资等问题所做的决策性描述。

2. 主生产计划

主生产计划要确定分段、总段、舾装单元模块等具体的最终产品在每一具体时间段内的生产数量。这里的最终产品,对于造船企业来说,主要指最终合拢的、船东要的船舶,也可以是合拢中要用到的分段或舾装品。这里的具体时间段,通常是以周为单位,在有些情况下,也可能是旬、日或月。主生产计划的制定是从综合计划开始的,是对综合计划的分解和细化。

3. 物料需求计划

主生产计划确定以后,生产管理部门下一步要做的事,是保证主生产计划所规定的最终产品所需要的全部物料(原材料、零件、舾装件等)以及其他资源能在需要的时候及时供应。所谓的物料需求计划就是要制定原材料、零件和舾装件的生产和采购计划,即外购什么、生产什么、什么物料必须在什么时候订货或开始生产等均应制定相应计划。

二、监控与落实生产计划

监控与落实生产计划是企业在动态的环境中为保证计划的实现而采取的检查和纠偏活动或过程。进行控制的根本目的,在于保证实际生产进度与计划进度相一致。只有监控、落实舾装生产作业进度,并与材料、设计、船体和涂装等部门的计划进度相协调,才能保证船舶建造按期完成。

1. 落实计划统计

在舾装生产过程中,应及时收集计划进度的实际情况信息,以便对项目进展情况进行分析,掌握项目进展动态,因此必须对项目进展状态进行跟踪、统计。常用的方法是日常监测法和定期监测法。

(1)日常监测。日常监测是随着舾装项目的进行,不断对项目的实际进度进行观测,记录每一项工作的开始时间、目前状态、完工时间、实际持续时间等内容,以此作为生产进度控制的依据。这就要求项目主管和车间调度、计划人员每天都要深入现场,观察、记录施工进展情况,随时解决施工中的问题。

(2)定期监测。定期监测是指每隔一定时间对项目进度计划执行情况进行一次较为全面、系统的观测、检查。监测的时间间隔因项目的类型、规模、特点和对进度计划执行要求程度的不同而异,可以是以日、双日、五日、周、旬、半月、月、季、半年等为一个观测周期。定期观测、检查有利于项目进度动态监测的组织工作,使观测、检查具有计划性,成为例行性工作。例如,生产部门组织各部门每周五下午开一次周例会,项目主管与各部门计划、调度人员出席会议,汇报各自工作的进展情况,讨论施工过程中出现的各种问题以及解决办法,安排下一周的工

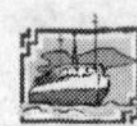

作。使用定期监测法，主管人员可以从以下几个方面对生产情况进行观测和检查：

①观测、检查关键链上各工作的进度和关键链的变化情况，以便采取措施调整或保证计划工期的实现；

②观测、检查非关键链上工作的进度，调整或优化资源，以保证关键链上工作按计划实施；

③检查工作之间的逻辑关系变化情况，以便适时进行调整；

④有关项目范围、进度计划和预算变更的信息，如船东的临时性要求、返工等不可预见事件。

每周一次的定期监测是获取项目实际进度信息的一种有效方式。这种方式除能及时、准确了解项目实施实际进度情况外，还能从交谈中了解到实施下一阶段工作时可能存在的问题。对已出现的项目进度偏差和可能存在的问题进行协商，找出解决问题的方案或是明确解决问题时的约束条件，为下一步项目进度计划的分析和调整做好准备。

2. 影响计划进度控制的因素

(1)工厂激励机制。舾装生产作业中，设备靠人去操作，场地由人合理使用，图纸要人去消化，计划要人去把握，人是生产诸要素中最重要的部分。教育、培训、交流、晋级、提升、竞赛、评比、分配等，都是工厂激励员工的行为。管理者必须坚持以人为本的原则，才能不断提高计划控制水平和质量。

(2)计划标准工作。计划管理程序的标准化、计划内容的标准化、计划作业时间的标准化等，都需要不断完善和提高，这样会使计划编制的随机性大大降低，从而促进整个造船管理模式走上标准化之路。

(3)作业工场配置。现代造船模式转换，分道造船、区域舾装等新型作业工场对配置有新的要求，这就需要对作业工场配置进行补充、调整、改造。配置调整时，注意局部的调整必须立足于全局，避免给后面的调整配置造成障碍。

(4)工艺流程。舾装生产作业中，在实施工艺流程合理化的工作中，要在形成大通道、大区域、大流程的合理性上下工夫，进而调整小通道、小区域、小流程的工程路线，这样才能把握生产控制的主导权。

(5)设计。在转换造船管理模式中有这样的提法，什么样的设计就有什么样的管理。因此从抓"早出图"的传统做法逐步转为抓"出什么样的图"。应该把管理中新思路、新方法注入设计，转化成设计工程语言和信息，以区域/类型/阶段的原理调整设计部门的组织结构，改革设计图纸，使之与壳舾涂一体化的船舶制造管理组织和作业组织相一致。

(6)生产技术准备工作。企业管理运行的描述是，准备围着计划转、计划围着生产转、生产围着经营转、经营围着效益转，可见准备工作是企业管理运行的基础。生产技术准备分成两类，一类是生产手段，另一类是产品配套。这两类生产技术准备都十分关键，一类做不好就会波及生产计划的控制。

(7)劳动组织。劳动组织是计划实施的基本单位。传统的劳动组织分工过细并交叉太多，使得复杂的生产作业往往难以平衡，因此必须根据分道和区域造船理论进行改革，否则计划难以控制，即使控制了也是事倍功半。劳动组织改革的基本思路是分道、区域、封闭、复合、平行，从而保证时间有序、空间分道的造船组织框架的形成和完善。

(8)生产作业现场管理方法。实施先进的生产作业现场管理办法是实现计划控制的重要

手段。传统的造船方法难以推行先进的现场管理方法。在实施了船体分道建造、舾装区域作业等以中间产品为导向的组织生产后，现场定置管理、工程量看板管理、计划目标管理、质量和安全自主管理、进度节点管理等先进方法都有了推进的基础。

三、生产作业计划

舾装生产作业种类繁多，例如，舾装件、管件的加工制作，单元模块的组装，分总段、船内的舾装，舵系设备、锚泊、系泊设备、舱口盖、桅、门窗、人孔盖等设备的安装等，都应有相应的生产作业计划。

生产作业计划是指企业生产计划的具体执行计划。它把企业的年度、季度生产计划具体规定为各个车间、工段、班组、每个工作场地和个人的以月、周、班以至小时计的计划。它是组织日常生产活动、建立正常生产秩序的重要手段。

生产作业计划作用是通过一系列的计划安排和生产调度工作，充分利用企业的人力、物力，保证企业每个生产环节在品种、数量和时间上相互协调和衔接，组织有节奏的均衡生产，从而取得良好的经济效益。

1. 生产作业计划的特点

(1)计划期短，生产计划的计划期常常表现为年、季、月，而生产作业计划详细规定月、旬、日、小时的工作任务。

(2)计划内容具体，生产计划是企业的计划，而生产作业计划则把生产任务落实到车间、工段、班组、个人。

(3)计划单位小，生产计划一般只规定完整产品的生产进度，而生产作业计划则详细规定各零部件，甚至工序的进度安排。

2. 编制生产作业计划的各类资料

(1)生产任务方面的资料，包括企业的年度与季度生产计划、各项订货合同、新产品试制计划等。

(2)技术资料，包括产品图纸、工艺文件、产品技术检验规范、外协零件清单、按车间编制的零件明细表等。

(3)生产能力方面的资料，包括各工种生产工人情况，生产设备负荷情况、生产面积利用情况、工作定额和生产能力查定情况。

(4)生产准备工作方面的资料，包括工艺装备准备情况和原材料、外协件、配套库存及供应情况等。

(5)各种期量标准和生产资金定额。

(6)前期预计生产完成情况和在制品结存及分布情况等。

3. 生产作业计划形式

根据企业的具体情况，生产作业计划有厂部、车间和工段(班、组)三级作业计划形式。厂部生产作业计划由企业生产部门负责编制，确定各车间的月度生产任务和进度计划；车间级生产作业计划由车间计划调度室负责编制；工段级生产作业计划由工段计划调度员负责编制，分别确定工段(班、组)或工作场地月度、旬(或周)以及昼夜轮班的生产作业计划。

第四节　物资配套

物资配套管理主要体现在物资计划、物资采购、配套物资流向这三个方面。

一、物资计划管理

1. 物资计划制订部门的职能

(1)弄清所需物资,并将其与设想的任务包相联系。生产任务包是完成产品作业任务所需的全部生产资源(含人、财、物)。

(2)编制请购单。请购是指某人或者某部门根据生产需要,确定一种或几种物料,并按照规定的格式填写一份要求,递交至企业的采购部门以获得这些物料单的整个过程。其所填的单据称为请购单。

(3)运用价值工程。价值工程目的在于确保产品性能(功能),并最大可能地节省采购费用(成本)。

(4)参与全面的物资计划、预算控制、日程计划和库存计划的编制。

2. 制订物资计划的目的

制订物资计划实际上是物资请购的第一步工作,即为采购做准备。

3. 制订物资计划的工作内容

通常,物资计划的制订是弄清所需物资的类型、质量、数量、交货时间和地点,并为建造的每艘船制订一个标准的物资采购计划。设计与生产部门在这一工作中起主要作用。

4. 制订物资计划的基本方法

为了适应复杂的中间产品对不同物资轻、重、缓、急的需求,在管理中,采用物资控制分类法,将物资分为专用、储备和专用储备三类。

(1)专用物资(也称为直接物资)。它是为某特定船舶订购的专用设备,如主机、舵机等,也是设计、采购和生产计划部门极为关注的物资类别。

(2)储备物资(也称为正常库存品或库存物资)。当库存量降到预定的水平时就再行订购,自动补充,其数量视过去的用量记录而定。这类物资有螺母、螺栓、管子、法兰等标准件。

(3)专用储备物资。这是在设计期间制订物资计划时确定的储存物资。这个概念是专用物资和储备物资两者的结合,用以满足特定的需要。这类物资定期订货,数量和交货期裕度由经验决定。这样可以使第二次订购同类物资期间保持足够的备品,以满足意料中的和意外的需要。

在每次的定期检查期间对储存量做仔细调整,使之刚好满足最低要求。专用储备物资有大型阀和膨胀接头等,其大多是标准件,价格比储备物资贵些。

(4)实施器材标准化。设计、采购和生产的标准化是降低造价、改进质量、缩短采购准备期、提高生产率的有效方法,因此标准化是实施有效的产品导向型物资管理的先决条件。

例如,将供货商产品目录上已被证明性能合格、价格合理的产品作为企业的标准用品,可以设计采购时间,并更合理地控制最低库存量。

除此以外,还要注重利用多家供应商的价格竞争来降低采购成本。例如,企业对每一标准物资的采购都应有两三家供货商的产品资料,以便通过竞争取得最合算的价格和交货承诺。

(5)自制与外购的决定。现代造船发展的总趋向是把功能及质量合格的构件加以汇集组装。这种趋向是为了提高计划和设计的效益,以通过加速装配工作来提高生产率。因此,除了诸如船体结构零件和大量需要的管件外,将零件制造转包出去,这比自制更有效率。不将大量资金花在自制部件上,而是更多地用于设计、生产管理和采购方面,这才是最佳的经营意识。

二、物资采购管理

舾装件采办包括订购、外协和自制三种途径。如柴油机、雷达等机电设备可以向专业厂订货;螺旋桨、锚等舾装件可以委托外厂代为加工;管子、风管等则可由本厂自行制作。

1. 物资采购部门的职能

(1)从厂内外采办物资。

(2)运用价值工程。

(3)支付货款。

(4)参与预算、日程及库存的计划与控制。

2. 采购的功能

(1)购买。

(2)分包。

(3)企业内自行制造。

(4)库存量控制。

(5)物资收发日程控制。

(6)利润控制。

3. 采购的分类

1)集中采购与分散采购

(1)集中采购,即把采购工作集中到一个部门管理,最极端的情况是,总公司各部门、分公司以及各个分厂均没有采购权责。

(2)分散采购,是指将采购工作分开给各个需用部门自行办理,这种制度通常对企业规模大、部门分散在较广区域的公司比较有用。

2)招标采购与询价采购

(1)招标采购,是指采购方作为招标方,事先提出采购的条件和要求,邀请众多企业参加投标,然后由采购方按照规定的程序和标准一次性地从中择优选择交易对象,并与提出最有利条件的投标方签订协议。整个过程要求公开、公正和择优。招标采购通常分为公开招标和邀请招标。公开招标,是招标人以招标公告的方式邀请不特定的法人或者其他组织投标。邀请招标,是招标人以投标邀请书的方式邀请特定的法人或者其他组织投标。

(2)询价采购,是指采购人一般向三个及以上符合相应资格条件的供应商或承包商就采购的货物或服务发出询价通知书让其报价,然后由采购方选择符合采购需要,质量服务相等,且报价最低的交易对象的采购方式。

3)长期合同采购与短期合同采购

(1)长期合同采购,是指供需双方通过合同,确定稳定的交易关系,合同期一般在一年以上。

(2)短期合同采购,是指供需双方通过合同,实现一次交易,以满足生产经营活动的需要。

4.采购的基本程序

一个完整的采购流程由需求确定与采购计划制定、供应源搜寻与分析、定价、拟定并发出订单、订单跟踪与跟催、接收与验收、开票与支付货款、记录维护这几个步骤组成,每个步骤都是完整的采购所不可缺少的。主要可划分为以下5个步骤:

(1)明确采购目标。

(2)组建采购机构。

(3)编制采购计划。

(4)采购实施。

(5)采购后评价。

5.采购计划管理

采购计划是指为了保证供应各项生产经营活动的物料需用量而编制的各种采购计划的总称,是对计划期内所需采购的物料的数量和采购时间等所做的安排和部署。采购计划管理包括以下内容:

1)采购计划的分类

(1)按照采购行为执行主体,可分为申请计划和采购计划。

(2)按计划期的长短,可分为年度物资采购计划、季度物资采购计划、月度物资采购计划。

(3)按物资的使用方向,可分为施工主体材料采购计划,施工辅助材料采购计划、机械维修用料采购计划、劳保用品采购计划等。

(4)按物资自然属性,可分为金属材料采购计划、机电产品采购计划、非金属材料采购计划。

2)采购计划的作用

(1)可以有效规避风险、减少损失。采购计划是面向未来的,企业在编制采购计划时,已经对未来因素进行了深入的分析和预测,做到有备无患,既保证企业正常经营需要的物资,又降低了库存水平,减少了风险。

(2)为企业组织采购提供了依据,采购计划具体安排了采购物资的活动,企业管理者应按照这个安排组织采购。

(3)有利于资源的合理配置,以取得最佳的经济效益。采购计划选择最优化的采购决策与实施计划,对未来物资供应进行科学筹划。这有利于合理利用资金,最大限度地发挥各种资源的作用,以获得最佳的效益。

3)采购计划要达到的目的

(1)预计采购物资所需的时间与数量,防止供应中断,影响施工生产。

(2)避免物资存储过多,积压资金及存储空间。

(3)配合企业生产计划与资金调度。

(4)使采购部门事先准备,选择有利时机购入物资。

(5)确定物资耗用标准,以便管理物资采购数量与成本。

6.采购计划的编制

1)采购计划的编制依据

(1)项目施工生产计划。全面了解项目施工生产安排,才能制定合理的采购计划,分清各种物资在施工生产中的重要性,保证物资供应正常有序。

(2)技术部门根据施工生产计划所编制的主要物资需用量核算表。主要物资需用量核算是一种定额核算,通常也是一种独立需求,它不仅是编制施工主要物资需用量的标准,也是确定大部分辅助生产用料用量的指导性数据。

(3)外部采购环境。了解外部采购环境,有利于确定适合的采购时机,及时调整采购的数量、规格,以降低采购成本。在必要时,甚至需要及时将采购环境制约因素反馈至领导层,以便调整施工生产计划。

2)物资采购数量的确定

(1)上期结存数量。上期结存数量是指上一施工生产期结束时,物资的库存数量。

(2)本期需用数量。本期需用数量中,主要物资可根据技术部门所提供的主要物资需用量核算表计算得出。其他辅助生产物资中,与主体物资存在相关性的,应根据相关性推算出需用量;不存在相关性的,则按以往消耗量再结合施工任务量换算得出。

(3)期末安全库存。期末安全库存是指为保证供应的连续性,从本期施工期结束到下次物资供应时,此阶段中所需要物资的需用量。对于某些重要的物资,在此基础上还会加上 3 ~ 5 天的缓冲期库存。

(4)物资采购数量 = 本期需用数量 + 期末安全库存数量 - 上期结存数量。

3)采购计划的组成部分。

采购计划至少应由封面、编制说明、主要料需用量核算表以及计划表格四部分组成,加工件还要附技术图纸或样品。

三、配套物资流向管理

1. 物资配套部门的职能

(1)接收与储存物资。

(2)到采购现场催货。

(3)托盘配置与发料。

(4)将物资运送到作业现场。

(5)参与日程计划的制订并控制日程。

2. 物资配套的功能

(1)接收所有的物资(不管它们是采购的分包商制造的还是厂内自制的)及储存。

(2)托盘集配。

(3)按规定时间,将已集配成托盘的物资送到指定的生产现场。

3. 收货与储存

物资的接收与储放、库存记录、发货控制等,均是仓库管理部门的主要职责。在仓库管理中,储存费用是重要的支出。

若供货商按所要求的确切时间将物资交付到生产现场,仓库费用几乎为零。因此,如何准确地控制生产日程和控制外购物资的交货期,如何审慎地利用专用储备物资分类法减少储存物资的数量和储存期,是物资管理部门的重要工作。

4. 现场交付的通知与催货

通常,交货日程是由采购人员控制的。当直送现场的物资预定交付期临近时,物资管理人员将交货与收货权移交给生产现场,这对船厂和供货商两者都是十分有益的。该管理员必须保证有可供使用的空间和吊车等,并直接通知供货商最后的交货地点、日期和时间。通常,负责将托盘交付到同一生产场地的管理员也负责与供货商进行这种最后协调。

5. 托盘集配、发放和运送

物资配套管理的目的是按预定的生产进度计划将所需物资以任务包的形式送到生产现场。船体结构用的物资管理相当简单,因为其所涉及的物资种类和加工过程相对较少;与此相反,舾装任务包则包括多种不同物资和加工过程。因此,需要特别有经验的人员按区域、类型、阶段合理地划分托盘,即确定任务包的大小与规模,以达到控制物资的分配,借以达到间接控制生产进度的目的。这也是为什么有效益的船厂把包括物资采购在内的物资管理看成是最根本的生产控制功能的原因所在。

四、物资配套管理控制物资成本的要求

(1)设计人员必须及时向物资管理部门提供正确的规格说明书和所需物资数量,以便采购人员有充分的准备时间与卖主谈判及订货。

(2)生产计划部门必须提供生产现场所需物资的确切日期,以便编制出能将上述相关费用降到最低的综合采购进度表。

(3)物资部门应设法保证贵重的材料不要到厂过早,以免增加财务支出。

(4)为保证物资及时、准确到达,物资部门应制定周密的订货计划,要以日为基础精确控制采购进度。

(5)物资配套管理中,不可一味地追求"最低价"供应商,还应关注诸如交货期的可靠性、质量与性能的可靠性、售后服务等可能影响总成本的相关因素。

第五节　生 产 协 调

从某种意义上讲,生产过程也是协调的过程,经营、生产、物资、安全、成本、质量管理部门和职工都在这个生产过程中处于协调和被协调的地位,都接受协调指令,完成各自任务,从而保证舾装产品以低成本、高质量按期交货。舾装生产各部门之间联系要紧密,不允许有脱节现象存在,所以首先要有周密的计划。随着事物的变化,新的矛盾又会出现,更要不断加强协调工作,以保证原计划的实现。生产协调工作就是不断将各方面的问题集中起来,统筹考虑,协调并发出生产指令,使舾装生产过程中各环节有机地联系起来,始终处于正常的运转状态,从而避免或减少工料消耗和工期损失。所以生产协调工作进程的好坏和对时机的掌握,直接关系到舾装产品周期和企业经济效益。因此,要充分重视生产协调工作的作用,建立相应的管理体制。

一、生产协调工作的原则

生产协调就是处理组织内外关系,对各要素进行统筹安排和全面调度,使各要素均衡配

置,各环节相互衔接、相互促进,为组织正常运转创造良好条件和环境的活动。

1. 超前的原则

生产协调工作的重点在各管理部门,只有各部门合作、协调得好,做好超前准备,才能保证舾装生产有节奏、高效连续地进行。生产协调超前工作,必须本着超前的指导思想,做好图纸、器材、计划等深化的协调工作。同时,在设计阶段应搞好物质供应,且生产部门提前参与协调工作,让生产中的问题得到解决,不要拖延影响生产。

2. 服务的原则

舾装生产是人员、工种、技能众多的群体作业,彼此是相互联系、相互依托的关系,不仅管理部门和生产部门如此,就是工序之间、专业之间、作业之间也都是如此。这里就存在着协调工作中相互服务的指导思想问题,而为了高效、低耗、高质量、安全地完成生产任务和缩短各个环节的周期,在生产协调的工作中,就要提倡主动服务的思想。必须做到管理部门为生产部门服务,后方为前方服务,同时,把困难留给自己,方便让给别人,从而使生产协调工作在企业内发挥其最大作用,减少内耗。

3. 高效的原则

只有高效的工作,才能使生产协调工作发挥最大的作用,才能保证矛盾的转化,使舾装生产处于良性循环状态。这就要求管理人员深入实际,调查研究,做好情况说明。决心大、行动快,是做好协调工作的关键。

二、生产协调的基础工作

1. 发挥各级职能是搞好协调工作的关键

舾装生产的协调工作涉及设计、物资、生产、安全等各个方面。要搞好这方面的工作,不是企业哪个部门或一个分管部门所能全部解决的,只有加强发挥各级职能的作用,才能有成效地完成工作。在工作中,首先搞好本职工作,但要加强企业一盘棋思想,且每个部门,每个人都要服从协调工作。

2. 人才的选用和培养是搞好生产协调工作的条件

生产协调工作是舾装生产管理的内容之一,它对保证总体进度的实现起到积极的促进作用。为此,必须造就一批专门从事管理的人才,并不断提高他们的综合素质,以担当起企业的生产协调工作。

生产协调不同的管理机构,其任务也不同。因此在业务知识方面,不但要熟悉本部门的专业知识,还要了解其他方面的业务知识,即要熟悉企业全部工艺流程,熟悉企业管理制度,同时还要有正确的指导思想和全局观念,以及具有一定的组织协调能力,而要达到这方面要求,必须在生产实践中不断增强自己的才干。作为企业,要对协调人员加强培训,为他们积极创造条件,并不断提高协调人员的素质。

3. 计划是生产协调工作的依据

计划是生产协调工作的依据,生产协调工作是计划的保证。生产协调工作都是围绕计划这条主线而开展的,不管是计划管理部门、物质管理部门,还是其他部门都是如此。虽然各自工作内容不同,方法也不大一致,但目标都是为完成企业总体计划而进行必要的协调工作。

生产协调形式和内容取决于各部门在企业管理职能的地位和实施计划过程中所遇到的

矛盾。

三、生产作业的协调

生产作业的协调主要是用来解决日常作业过程中多个部门的突发性工作和一些“老大难”问题,舾装生产作业协调主要是各生产要素的协调。

(1)舾装产品从签订合同开始,企业各部门的工作就应纳入计划轨道,应完成舾装生产计划编制和各种中日程、小日程计划、周计划等,计划的实施过程也是协调工作的过程。

(2)根据计划要求,不但要搞好单个舾装产品的生产协调工作,而且还要在生产活动的每个阶段搞好全厂性或区域性生产的协调工作。

(3)大力推进标准化作业,提高管理规范化水平。这是与重复性的生产作业活动相适应的、非常重要的协调方式。可以这样说,凡是标准化作业搞得好,而且能做到有法必依、违法必究的基层生产单位,那里的生产就会井然有序、效率高。

(4)健全例会制度。主要是班前或班后的生产例会和月(旬)生产例会。

(5)跨部门直接沟通。在正常生产条件下,应按照工序服从的原则来处理工序间的关系,以保证各生产环节的衔接配合。这就是上工序为下工序服务,并服从于下工序;一般工序为核心工序服务,并服从于核心工序;辅助作业工序为主体作业工序服务,并服从于主体作业工序。这种做法可替代部分生产调度工作,有利于迅速、有效地实现生产各环节的协调与配合。

第六节 作业管理

一、作业工程控制管理

作业工程控制的目的是要达到生产作业的平衡,舾装生产系统实施作业工程控制管理,就是要寻找一套科学管理的办法来取得系统的平衡。控制的对象是舾装生产系统,能够得到控制的前提是舾装的工艺流程稳定,没有稳定的工艺流程无法实施平衡和控制。

1. 计划的控制

生产计划是生产进展情况的集中体现,取得计划的平衡运作是控制的目的。

时限计划法(Frame Time Planning,FTP)是把工作时间规定在一定的期限内,从最早的长期计划,发展到最短、最精细地安排指定日期的生产任务(日工作计划)。在开始阶段时限较长,所包含的工作量也较模糊。随着设计的深入,时限可以进一步细分,直至将工作限制在一个时间小区间。

在最初阶段,舾装生产计划只限于累计长时限内的总工时,主要满足开工、上船台、下水、交船等主要日程,并要与材料、设计、船体和涂装等部门的计划相协调。随着造船过程的进展,时限也随之细化,从包含一组托盘,继而又细化到相当于一个托盘,从而保证其准确度与设计阶段的进展相适应。

时限计划法是控制计划的方法,包括两个方面,即从大到小逐步分解和细化,又从小到大逐级控制和累积。

工时累积曲线(即S形曲线,如图1-7所示)分析法是时限计划法的核心,工时累积指单船

工时累积、各主要工种工时累积、各车间工时累积、全厂综合工时累积;从时限上看,有长期、年度、月度、周间、日间等;有新船工时累积、在建船舶工时累积、完工船舶工时累积等。工时累积既有对原始数据的分析,又有对现有数据进行统计和分析,掌握了各种工时积累也就掌握了人力和设备等"资源数"的需求。

2. 质量控制

ISO 9000 要求组织建立体系文件,最大限度地按质量标准来运作,包括管理职责、产品过程控制、不合格品控制、纠正和预防措施等,就是以体系文件来控制质量。质量体现在稳定上,如何使产品质量稳定,做到流动检查,甚至做到免检,这是企业所追求的。

日、韩船厂的生产效率高,平台利用率和船坞利用率是我国船厂的几倍,其中最重要的原因就是质量稳定,能取得船东和船检的信任。做到质量稳定,其中生产设计一定要到位,因为生产设计包含生产管理、生产作业方式,这关系到产品质量和生产进度,乃至生产成本。

"质量是干出来的,不是检验出来的"已经成为制造业的共识。作业人员是质量的直接创造者,无论是加工、装配、焊接还是涂装,都需要人去干,产品质量跟人有密切关系,为此,就应该让作业人员按标准去干。另外一方面是设法提高作业人员的素质,人员的素质是取得质量稳定的基础。质量与生产工具和设备有关,设备稳定和可靠是产品质量稳定的保障。质量体系下的作业标准或作业指导书十分重要,它可使所有作业人员规范化和按标准操作,可最大限度地减少质量事故出现,减少废返,以利于成本控制。

3. 环安控制

环境与安全控制是综合设计、现场管理、工装工具、作业标准等完备体系中的重要部分。没有安全的环境,生产进度和产品质量是无法想象的。

环安控制始于设计,因为设计确定了作业阶段、吊装方式、脚手架,以及临时工艺开孔和加强,应该说设计是环安的源头。所有作业文件和标准应该包含环境与安全作业在内。

二、作业现场管理

舾装作业现场管理是指为了有效地实现企业的经营目标,对舾装生产过程中的人、机、料、能、法、环、信等进行合理配置和优化组合,将它们有机结合达到一体化,通过舾装生产过程的转换,产出符合市场需求的、质量合格的、成本低的、交货及时的船舶舾装产品的一种综合性管理。舾装作业现场管理是企业管理的重要环节。

企业管理中的很多问题必然会在生产现场得到反映,各项专业管理工作也要在现场贯彻落实。因此作为基层环节的舾装生产现场管理,其重要任务是保证生产现场的各项生产活动能高效率、有秩序地进行,实现预定的目标任务;生产现场出现的各种生产技术问题,有关人员在生产现场就能及时解决,"不等、不拖、不上交"。从这个意义上说,舾装生产现场管理也就是现场的生产管理,明确生产现场管理的概念、内容及其特征是对企业生产现场管理进行研究的前提和理论基础。

为了准确把握舾装作业现场管理的概念,有必要首先理解作业现场的含义。作业现场是从事产品生产、制造或提供生产服务的场所,即劳动者运用劳动手段,作用于劳动对象,完成一定生产作业任务的场所。它既包括生产现场一线各基本生产车间的作业场所,又包括企业各辅助生产部门的作业场所,如库房、备料堆场等。现场管理就是对现场活动进行计划和控制,

对现场人员进行组织和领导，充分利用人员、物料、设备等资源，做到环境整洁、设备完好、及时生产、物流有序、成本领先和产品优质。现场管理是企业内部的基础管理，也是企业中各项业务活动的基础，企业的宗旨和战略最终都要在现场管理中得以落实和体现。

1. 舾装作业现场管理遵循的原则

(1)立足于实现造船企业的经营目标。

(2)追求经济效益。

(3)不断讲求创新。

(4)贯彻规范化的原则。

(5)突出强调服务的原则。

2. 作业现场管理的任务

(1)要形成一支目标明确，团结向上，精神面貌好，技术素质高，遵章守纪，战斗力强，职责分明的员工队伍。

(2)要营造一个良好的工作环境。

(3)严格执行操作规程，严明工作纪律，认真做好生产控制与检验，保证舾装产品生产合格，并使质量不断上新台阶。

(4)合理组织生产，科学设置生产岗位，掌握生产节奏，减少生产波动，使生产均衡进行。

(5)研究企业物流规律，对各个环节应做到任务明确、环环相扣、不脱节，以使物流顺畅地运行，保证生产的需要。

(6)要使设备正常运转，应大力做好操作、维护、检修等工作，绝不让设备问题拖生产后腿。

(7)要做好生产过程中的原始记录，台账、报表的记录、整理、传输工作。

3. 作业管理的内容

(1)工位管理。区域舾装采用工位管理，这属于对作业者的生产组织管理，它要求定岗位、定人员、定设备、定作业范围、定工作标准。

每一阶段进程中，无论哪个专业或系统的内容都必须在此阶段完成，这个阶段只设工位而不论及工种。因此必须打破按工种组织生产的方式，取而代之的是重新组合的组织，采用工种混合(如:吊车工、起重工、装配工、电焊工、气焊工、钳工、管工、电工等)或一专多能的施工方式。这个阶段完工的作业，作为商品要检验合格交给下一个阶段，这个工位的作业人员就作为一个小集团或生产组织单元来完成这个阶段的作业。

(2)物流管理。在物流管理中，要强调解决好三方面的问题：

①在整个生产过程中，要使物流路线短，因为只有物流路线短才能使产品生产周期变短；

②使生产过程中在制品数量最少；

③使生产过程中搬运效率最高。

4. 作业管理的方法

1)三直三现法

三直三现法，即“马上现场、马上现品、马上现象”。其目的是帮助生产现场的管理者端正管理作风，准确把握问题、查明真相，实施最有效的对策，到现场解决实际问题。

2)5W2H 法

这是一种综合分析的方法，适用于解决问题。其具体含义为，什么事情（What），什么地方（Where），什么时间（What），什么人（Who），什么原因（Why），怎样做（How），成本和代价是什么（How Much）。

3）PDCA 法

这是由美国戴明博士提出的，也称戴明模式，即策划（Plan）—实施（Do）—检查（Check）—改进（Action）。其特点是闭环管理，环环相扣，持续改进。

4）目视管理

以视觉信号显示为基本手段，以公开化，透明化为基本原则，尽可能地将管理者的要求和意图让大家看得见，借以推动自主管理或自主控制。目视三要素：无论是谁都能判明是好是坏（异常），能迅速判断、精度高，判断结果不会因人而异。目视三个水准：初级水准，有表示，能明白现在的状态；中级水准，谁都能判断良否；高级水准，管理方法（异常处置等）都列明。

5）看板管理

看板管理是管理可视化的一种表现形式，即将数据、情报等状况一目了然地显现，主要是对管理项目、特别是情报进行透明化的管理活动。它通过各种形式，如标语、现况板、图表、电子屏等，把文件上、脑子里或现场等隐藏的情报揭示出来，以便任何人都可以及时掌握管理现状和必要的情报，从而能够快速制订并实施应对措施。因此，管理看板是发现问题、解决问题的非常有效且直观的手段。

6）定置管理

定置管理主要指对物流和物位的管理，以达到作业者、舾装件及设备和工位、场地的最佳结合关系。有物必有区，有区必分类，分类必挂牌。人和物有两种结合方式：一是直接结合，如个人用的钢笔、眼镜等；二是间接结合，只有通过一定的信息才能结合。人和物有三种结合状态：A 状态，即人和物处于紧密结合状态，人需要的物随手可以拿到，物和人结合非常紧密；B 状态，人和物处于寻找状态，这时人需要物的时候不能随手拿到，需要到处寻找，要花费一些时间才能找到；C 状态，即对人不起作用的物，或者是现场不需要的物。定置管理的目的就是避免 C 状态，不断改善 B 状态，使其达到 A 状态，尽量保持 A 状态。也就是为确定物品等的位置并进行分类标识，而易于找寻。

定置管理要求：船厂各工场、设备和工位对于总的船体和舾装的流水线作业来说，其流程应该是正确和完整的。将船厂划成若干个地域小区，用来配合各工位；将小区编成号码，以利于标明舾装件场地位置。舾装件的配材阶段是在集配中心完成，主要是将购买品、外协品及自制品配套装盘运往各工位的场地，因此舾装件集配工作是舾装管理者最主要工作之一。不管集配中心还是工位现场，只要有舾装件存在，就有舾装件的定置管理编号，该舾装件就在其相应编号的位置上。

（1）大组立先行舾装定置管理的基本要求。舾装量主要集中在大组立区，大组立区从中组立到大组立预装需要约 70 个大组立工位。这些工位可以在组装内场，也可以在露天场地，关键是起重、搬运能力要相适应。

无论内场还是外场，只要作业为舾装工位，舾装件或托盘就必须按其区域号和日程计划准时送交到位。

（2）船内舾装定置管理的基本要求。船台（船坞）的船内舾装，码头的船内舾装工位，也必

须有相对应的舾装件及托盘场地。这些位置有编号,制订计划时要将舾装件送到该编号的区域。

为了船内舾装阶段施工快速有效,船体施工要在机舱一侧预留船内舾装通道口。

7)现场5S管理

5S是整理、整顿、清扫、清洁、素养的简称。5S活动是一项基本活动,是现场一切活动的基础。

8)TPM管理

为了解决设备运行过程中的诸多问题,美国把维护设备的经验进行了总结,将装备出现故障以后采取应急措施的事后处置方法称为事后保全(BM),将装备在出现故障以前就采取对策的事先处置方法称为预防保全(PM),将为延长装备寿命的改善活动称为改良保全(CM),将为了不出故障、不出不良装备的活动叫做保全预防(MP),最后将以上BM、PM、CM、MP四种活动结合起来称之为生产保全(PM),这就是TPM的雏形。二战后,日本在向美国学习的过程中,将美国的PM生产保全活动引进日本,成功地创立了日本式PM,即全员生产保全(TPM)。因有80%~90%的员工都参与了此项活动,于是在PM前加了T,正式将该公司的PM活动命名为TPM。

9)JIT管理

JIT(Just In Time)管理,又称即时管理或零库存管理。其核心思想是,在需要的时间,使用需要的资源,生产需要的产品。生产原料及产品实现零库存。

第七节　成品运送管理

一、指定地点运送管理

指定地点运送管理就是以最小的总费用,按规定要求,对舾装成品向指定地点的实体流动过程进行管理。根据实际需要,将运输、包装、装卸搬运等基本功能实施有机结合。

1.运输

运输就是通过运输工具(如平板车、牵引车、吊车等),将成品运送到指定地点的过程。在运输过程中,车辆驾驶人员必须持证上岗,运输的货物不得超载、超高,对不整齐的成品要垫好,小件的成品要放在箱内,确保成品在运输过程中质量不受影响,并按时、按要求到达指定地点。

2.包装

包装的功能是为了保证舾装成品状态和质量、方便储运而采用适当的材料、容器等,运用一定的技术方法,对舾装成品进行包封。包装层次包括个装、内装和外装三种状态。个装是对成品的直接保护状态;内装是把一个或数个个装集中于一个包装容器的保护状态;外装是为了方便储运,采取必要的缓冲、固定、防潮、防水等措施,对成品的保护状态。

3.装卸搬运

装卸搬运就是指成品在某一物流节点范围内进行的,以改变成品的存放状态和空间位置为主要内容和目的的活动。

装卸是指成品装入或卸下运输设备的活动。装卸是在指定地点进行的垂直移动为主的作业方式。搬运是指在同一场所内将成品进行以水平移动为主的作业方式。

在舾装成品的装卸搬运过程中,要对成品轻拿轻放,避免成品变形或表面磨损,同时注意安全,避免碰伤和砸伤。

二、成品交接过程管理

舾装成品交接过程管理的目的,是为了使成品交接工作能够规范和有序的进行,保证汇总统计、托盘集配等工作正确无误,并提高成品接收、库存的管理效率。

1. 工作流程

(1)当生产线或车间生产出成品并装入料架或托盘后,由专职人员负责把成品运至待检区,并在成品交接确认表上签上成品的名称、图号、数量并签字确认。当质检员检验完产品后,再把质检过的合格品移入成品库房或相关堆场。

(2)仓库人员负责核对入库成品图号、名称、数量,无误后在送检单上注明实收数并签字确认。

(3)交接时若检验确认不合格,由仓库人员与工段组长联系解决,办理相关手续。仓库人员应将不合格产品做好明确的不合格品标识,放置于明显位置。

2. 关键点控制

仓库人员核对入库成品图号、名称、数量,正确填写送检单的图号、名称、数量,并应与在成品交接确认表上的名称、图号、数量一致。成品入库须盖有专职人员的印章。

SIKAO YU LIANXI

一、填空题

1. 生产作业运行管理主要涉及(　　)、(　　)、(　　)三个方面的内容。

2. 资源管理主要体现为(　　)管理、(　　)管理和(　　)管理三个方面。

3. 生产计划工作由一系列不同类别的计划所组成。这些计划按计划期的长度分为(　　)、(　　)、(　　)三个层次。

4. 物资配套管理的目的是按预定的生产进度计划将所需物资以(　　)的形式送到生产现场。舾装任务包包括多种不同物资和加工过程。因此,需要特别有经验人员按(　　)、(　　)、(　　)合理地划分托盘,即确定任务包的大小与规模,以达到控制物资的分配,借以达到间接控制生产进度的目的。

5. 区域舾装采用(　　)管理,这个阶段完工的作业,作为商品要检验合格交给下一个阶段,(　　)就作为一个小集团或生产组织单元来完成这个阶段的作业。

二、名词解释

1. 生产作业计划。

2. 设备寿命周期。

3. 时限计划法。

4. 舾装作业现场管理。

5. JIT 管理。

三、简答题

1. 生产作业管理的主要任务有哪些？

2. 生产作业计划的特点是什么？

3. 舾装作业现场管理的任务和内容是什么？

4. 生产协调的基础工作是什么？

5. 定置管理的要求有哪些？

第三章　生产质量管理

● **学习目标**

知识目标

1. 了解质量认证的作用及质量管理体系的主要内容；
2. 了解质量记录、生产过程质量、不合格品的控制管理内容与方法；
3. 了解采购产品检验管理的内容与方法；
4. 了解纠正与预防措施的内容与方法。

能力目标

1. 具有编写和记录各种质量管理表的能力；
2. 掌握不合格品处理方法；
3. 具有控制关键过程质量的能力；
4. 具有生产过程的监视和测量能力。

第一节　质量管理体系

在生产实践中，人们对质量有着不同的认识，质量主要有狭义概念和广义概念两种。狭义的质量是指产品质量，主要包括产品内在质量和外在质量，涉及产品性能、寿命、可靠性、适用性、安全性、经济性、服务、外观几个方面。产品质量的衡量有统一的标准，这些标准由主管单位根据产品主要特性的技术参数和经济指标明确规定，是企业在生产经营活动中都必须遵守的技术文件。广义的质量是指全面质量，包括产品质量、工程质量、工作质量。

为确保产品质量，规范生产各环节的质量管理工作，实现企业的质量目标，企业依据自身的实际情况而建立的管理体系就是生产质量管理体系。

一、质量认证的作用

质量认证又称合格认证。认证的定义是，由可以充分信任的第三方证实某一经鉴定的产品或服务符合特定标准或规范性文件的活动。也就是，当第二方（需方或买方）对第一方（供方或卖方）提供的产品或服务，无法判断其质量是否合格时，由第三方来判断。就像船厂、船东和船检的关系。第三方既要对第一方负责，又要对第二方负责，做到公开、公正、公平，第三方出具的证明要获得双方的信任。因此，第三方一般都由政府部门直接担任，或者由其认可的部门或组织担任，这些部门或组织就是所谓的认证机构。

实行质量认证的作用具体表现在以下几方面：

1. 提高企业管理水平

产品质量认证制度的实施，可以促进企业进行全面质量管理，并及时解决在认证检查中发现的质量问题，可以加强国家对商品质量的监督和管理，促进商品质量水平不断提高。同时，

已取得质量认证的产品,还可以减少重复检验和评定的费用。

2. 树立企业形象,增强产品市场竞争力

质量认证帮助企业按国际标准改进质量体系,使企业质量体系更完善、更规范、运行更有效。企业在获得质量认证后,就可以在激烈的国内国际市场竞争中提高自己产品质量的可信度,有利于占领市场,增强市场竞争力。

3. 扩大出口,促进对外贸易

认证证书是通向国际的通行证,是产品进入国际市场的"入场券"。实行质量认证可以减少国际贸易中存在的技术壁垒,为产品出口创造更多的商机。

二、质量管理体系的主要内容

船舶舾装按船上大区域和作业内容分为甲板舾装、住舱舾装、机舱舾装和电气舾装等几大区域,每一大区域又可分为若干小区域,在每一个小区域里包含了许多不同种类的舾装件。如何确保舾装生产各环节的质量,从而保证整艘船的建造质量,这就需要一套行之有效的管理系统,即质量管理体系。

质量管理体系是指在质量方面进行指挥、控制和组织的管理体系,通常包括制定质量方针、目标以及进行质量策划、质量控制、质量保证和质量改进等活动。它根据企业特点选用若干体系要素加以组合,加强从设计研制、生产、检验、销售、使用全过程的质量管理活动,并予以制度化、标准化,成为企业内部质量工作的要求和活动程序。

ISO 9000 是指质量管理体系标准,它不是指一个标准,而是一族标准的统称。ISO 9000 是 ISO/TC 176 制定的所有国际标准。

ISO 是指国际标准化组织,其成员由来自世界上 100 多个国家的国家标准化团体组成,代表中国参加 ISO 的国家机构是中国国家技术监督局(CSBTS)。TC 176 即 ISO 中第 176 个技术委员会,它成立于 1980 年,全称是品质保证技术委员会,1987 年又更名为品质管理和品质保证技术委员会,专门负责制定品质管理和品质保证技术的标准。

在上述标准中,船舶行业一般依据 ISO 9001,ISO 9001 是 ISO 9000 族标准所包括的一组质量管理体系核心标准之一,即《品质体系设计、开发、生产、安装和服务的品质保证模式》。ISO 9001 规定了对质量体系的要求,用于双方所定合同中,需方要求供方证实其从设计到提供产品全过程的保证能力。该标准阐述从产品设计开发开始,直至售后服务的全过程的质量保证要求,以保证在包括设计开发、生产、安装和服务各个阶段符合规定要求,防止从设计到服务的所有阶段出现不合格现象。

造船企业所建立的质量标准体系是依据 ISO 9001 质量标准制定的适合船舶建造特点的管理体系。

质量管理体系文件由质量手册、程序文件、作业指导书与记录表构成,如图 3-1 所示。

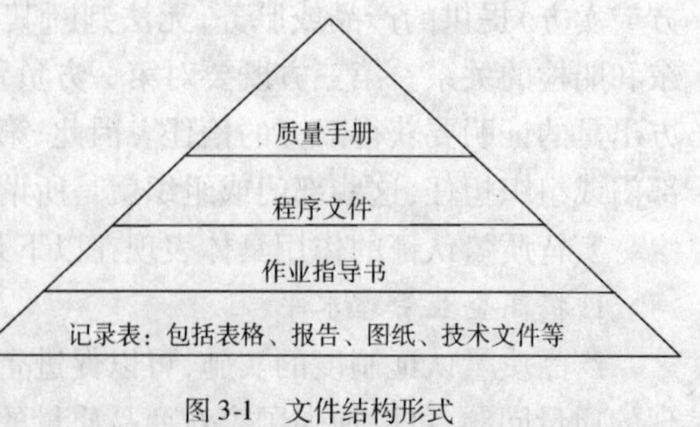

图 3-1 文件结构形式

1. 质量手册

质量手册是对质量体系做概括表述、阐述及指导质量体系实践的主要文件,是造船企业质量

管理和质量保证活动应长期遵循的纲领性文件。

质量手册有三方面作用：

(1)在造船企业内部，它是由企业最高领导者批准发布的、有权威性的、实施各项质量管理活动的基本法规和行动准则。

(2)对外部实行质量保证时，它是证明企业质量体系存在，并具有质量保证能力的文字表征和书面证据，是取得用户和第三方信任的手段。

(3)质量手册不仅为协调质量体系有效运行提供了有效手段，也为质量体系的评价和审核提供了依据。

2. 程序文件

质量体系程序文件是对影响质量的活动做出规定，是质量手册的支持性文件。程序文件应包含质量体系中采用的全部要素的要求和规定，每一质量体系程序文件应针对质量体系中一个逻辑上独立的活动。

质量管理体系程序文件主要包括以下方面：

(1)文件控制程序。

(2)质量记录控制程序。

(3)管理评审程序。

(4)供方质量保证能力评定程序。

(5)采购产品检验程序。

(6)生产过程质量控制程序。

(7)不合格品控制程序。

(8)纠正和预防措施管理程序。

3. 作业指导书

作业指导书是针对某个部门内部或某个岗位的作业活动的文件，侧重描述如何进行操作，是对程序文件的补充或具体化。这类文件有不同的具体名称，如工艺规程、工作指令、操作规程等。

作业指导书的内容应满足下列两项原则：

(1)5W1H 原则。

任何作业指导书都须用不同的方式表达出下列原则：

①Where：即在哪里使用此作业指导书？

②Who：什么样的人使用该作业指导书？

③What：此项作业的名称及内容是什么？

④Why：此项作业的目的是干什么？

⑤When：什么时候使用该作业指导书？

⑥How：如何按步骤完成作业？

(2)“最好，最实际”原则。

①最科学、最有效的方法。

②良好的可操作性和良好的综合效果。

4. 记录表

记录各程序文件项目中的具体数据。如质量记录清单、舾装件进厂检验记录表等。

第二节　质量记录控制管理

在船舶舾装生产中,为了使与质量有关的记录得到有效控制,提供产品、过程和质量管理体系有效运行的证据,特别制定了质量记录控制程序。

质量记录是阐明过程结果或者提供所完成活动证据的文件,同时也为产品的可追溯性及制订纠正、预防措施以及保持和改进强制性产品认证质量管理体系提供信息。因此,为了确保质量记录的正确,通常,记录的填写是用程序(或者作业指导书)来控制的。

一、范围与职责

1. 范围

质量记录控制程序规定了与质量有关的记录的控制范围、记录标识、储存、保护、检索、保存期限和处置、相关部门的职责分工,记录适用于质量管理体系运行的全过程。

凡是质量管理体系运行中的记录、报告以及与产品质量有关的数据均属于记录范围。

(1)与质量管理体系有关的记录。该记录包括内部审核记录、文件控制记录、纠正和预防措施记录、人力资源培训记录、基础设施和工作环境管理记录、产品和过程监视和测量记录等。

(2)与质量活动有关的记录。该记录包括与产品有关的要求的评审记录,设计和开发、评审、验证、确认和更改记录,供应商评价记录,监视和测量装置检定记录,不合格品控制记录,质量计划相关记录,服务及客户投诉记录等。

注意,不要把记录用的空白表单、表格叫记录。实际上,空白表单、表格是一份文件,其作用是指导如何进行内容的填写,有时把要求放在表单、表格内,便于和实际数据对比,判定是否满足质量要求。空白表单、表格应当做文件加以控制,例如,有时候空白表单、表格填写内容后就可以成为作业指导书。因此,往往在程序文件中引用空白表单、表格。还要说明,记录有多种形式,并不是所有记录都必须采用表单、表格的形式,不用表单、表格也可以成为记录。同时表单、表格根据具体工作也是形式不一,要根据实际情况进行空白表单、表格的编制。

目前,有很多企业进行现代化管理,采用过程模式管理,根据过程来设计表单,各部门在同一个表单上填写各自有关的内容,目的是为了向有关职能部门提供有用的信息。

2. 职责

(1)技术质量部负责质量记录的归口管理,负责质量记录的统一编号和建立质量记录清单,并监督、检查、考核各部门按规定进行的质量记录,追溯质量管理体系运行的有效性。

(2)质量管理体系覆盖的各部门,依据各自的职能分工,负责职能范围内的质量记录和归档管理。

3. 分类

质量记录的分类包括:各项管理记录、各项操作记录、各种监视和测量记录以及各种报告等。

二、管理内容与方法

1. 质量记录的编号和标识

(1)质量记录编号。表单、表格填写内容成为记录以后,必须便于识别和检索,所以要进行编号。质量记录的编号按《质量管理体系文件控制程序》进行编制，如图3-2所示。

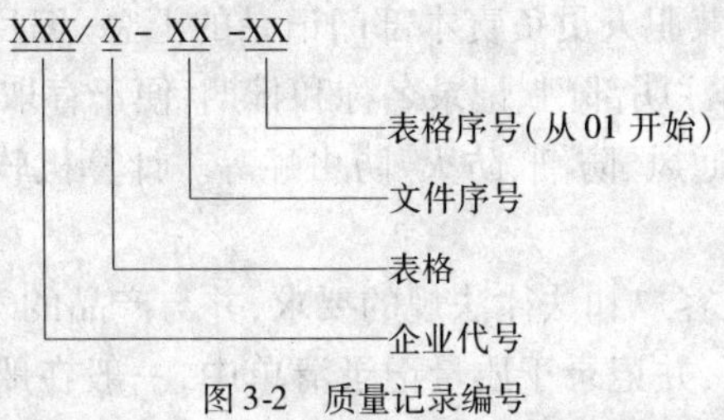

图3-2　质量记录编号

(2)质量记录以其编号作为标识。

2. 质量记录的填写要求

(1)记录必须有标题和机构名称、填表单位、填表人、填表日期、产品对象。记录应做到字迹清晰，必须采用蓝黑墨水或碳素墨水笔填写。记录内容必须及时、真实、准确、全面，字迹工整、清晰，重要记录需经校对、审核和批准。如因某种原因不能填写的项目，应说明理由，并将该项用单斜杠(\)划去。各相关栏目负责人签名不允许空白。各相关、可填栏目也不允许空白。

(2)记录不得随意更改，确需更改时，应采用单斜杠(\)划去原数据，在其上方写上更改后的数据，加盖更改人的印章或签上更改人姓名及日期。

(3)记录以书面、表格、清单形式为主，也可采用电子媒体作为载体。清单形式的记录以打印方式为主。

3. 空白记录的管理

(1)各种记录的空白表由各主管部门设计，质检部门备案、编号、发放，以保证各有关工作场所都能收到相应的空白表。

(2)空白表由质检部门委托生产经营部门统一印刷、印制。

(3)质检部门负责编制质量记录清单，内容包括：记录名称、记录编号、管理部门、保存期限等，形式如表3-1所示。

(4)质检部门负责保存和管理质量记录清单和空白记录表。

质量记录清单　表3-1

序　号	记录名称	记录编号	管理部门	保存年限	批　准	备　注

4. 记录的保管和储存要求

(1)各部门应设专职或兼职人员负责本部门记录的汇总、编目,应保持记录的顺序号或日期便于查询。在封面和侧面注明部门、记录名称和日期,便于存取和检索。

(2)记录的储存环境要通风、防潮、防火、防虫蛀等。计算机软件里的记录应有备份。

5. 记录的保存期限

记录的保存时间应满足客户和法律法规的要求,并与产品的寿命周期相适应,按产品实际使用的有效期确定保存期限,并记录于质量记录清单中,一般在船舶舾装生产中,质量记录必须保留到认为没有价值为止。对于保存期超过三年的记录,可集中保存于档案室,但需标志清楚所属的部门、记录的名称和年份。

6. 记录的借阅

(1)借阅记录时,应登记并规定归还日期。必要时需经部门主管批准后方可借阅。

(2)借阅的记录不得更改、遗失、损坏和拆页。

(3)合同或客户有要求时,在商定期内,可将质量记录提供给客户或其代表评价查阅。

7. 记录的处理

(1)各单位记录负责人根据质量记录清单上注明的记录保存年限组织鉴定、整理超过年限的记录或没有必要保存的记录。对无保存价值的记录,由资料员填写文件销毁申请记录,形式如表 3-2 所示,经单位主管技术员确认后,呈报单位领导批准,给予销毁,并做好相关记录。

文件/档案销毁申请表 表 3-2

使用号:

文件/档案名称					
编号		版号		份数	
销毁原因: 申请人: 日期:					
所在部门意见: 负责人: 日期:					
审批意见: 单位负责人: 日期:					

(2)文件销毁申请记录应长期保存。

(3)需做永久保存的记录,由部门负责人批准并在记录上标注"永久保存"字样。

(4)严禁将已过期的记录当再生纸在生产现场或办公室使用。

(5)销毁时,可用碎纸机或烧毁的方式进行。销毁工作必须由两人以上进行。

8. 记录格式修订

(1)当管理评审或工厂重要决策要求修订记录时,须坚持以下原则:

①保证信息、数据的连续性；

②便于统计和使用；

③力求简单有效。

(2)质检部门提出修订的方案与样张，经部门负责人审核后报质量负责人或总工程师审批，确保上述原则的实现。必要时，应召集相关部门征求意见。

(3)修订记录应同时在质量记录清单中注明失效日期与生效日期。

此外，船舶舾装生产各单位要充分发挥质量记录对质量改进工作的作用，采用统计技术掌握质量动态，针对质量问题及时提出纠正措施和预防措施，使舾装生产质量处于受控状态，从而提高产品质量的稳定性。在内外部质量管理体系审核和管理评审时，应提供相应记录作为质量管理体系有效运行和产品质量稳定的证据，提高内外评审和管理评审的有效性。

第三节　采购产品检验管理

造船是综合性工业，因此船舶的建造工作由一个工厂承担既不可能也不合理，必须与其他企业进行广泛的协作。而船舶舾装件为适应各种不同的运营条件与需求，其大小和种类也极为繁多，因此船厂也需要从厂外购进部分舾装品，以适应这些要求。如何保证采购产品的质量，这就需要一套完善的产品检验程序。

采购产品检验是对所采购产品的质量进行确认，以保证采购来的产品符合采购协约上的条件。其目的是严格把好采购产品质量关，为最终船舶质量提供必须的保证。采购产品检验程序规定了采购产品检验的具体要求，它适用于对采购产品的质量检验。

一、采购产品检验内容及要求

1. 一般规定

所有的采购产品都必须经检验合格后方可入库。国内采购产品到货 3 个工作日、国外采购产品到货 5 个工作日内，应完成产品检验手续。对生产急用的采购产品应按生产计划部门的要求急事急办，完成检验手续。即使采购产品已在供方处进行了外验，到货后仍须履行产品检验手续。

2. 采购产品的检验分类

(1)A 类，主要指专用性的采购产品。即专用金属材料及主动力装置、柴油发电机组、通信导航系统的主要配套设备。A 类采购产品必须由质量检验部门、技术部门、物资部门进行联合检验。

(2)B 类，主要指通用性的采购产品。即金属与船需的非金属材料、大型铸锻件、锚机、锅炉、压力容器、救生消防器材、起重机构以及机械电器设备器材。B 类采购产品必须由质量检验部门、物资部门进行联合检验。

(3)C 类，主要指市场采购产品。如五金件、一般元器件、辅助材料等。C 类采购产品由获得自检上岗资格的物资部门仓库保管人员按验证内容实施自检。C 类采购产品中，对本单位自制的舾装产品的质量有重要影响的配套产品，如高强度螺栓、重要接头、密封材料、重要橡胶件等，且由技术部门书面明确为重要 C 类采购产品的，检验按 B 类采购产品执行。

(4)进口采购产品,所有进口采购产品必须履行由质量检验部门、技术部门、物资部门参加的,从开箱(不含集装箱开箱)开始的联合检验,必要时供方代表参加。

3. 参加部门和职责

通常情况下,物资、质量、技术部门负责采购产品质量的检验工作;经营生产部门负责采购产品质量检验的配合保障工作;采购部门负责与供方的联系和协调工作,负责向供方传递质量信息并监督供方的改进工作。

(1)质量检验部门,负责按技术协议(或技术规格书等其他技术资料)检验产品质量,做出检验结论,并负责与船检、验船师、商检局的联系工作。

(2)技术部门,指签署技术协议或签发订货资料的技术归口部门,如设计所和综合技术部等。负责检查采购产品的型号、规格、技术状态或技术修改(如有时)是否符合要求,并负责与供方的技术联系工作。

(3)物资管理部门,负责组织检验,验证采购产品的数量。按质量检验部门的要求,负责大宗钢材复验项目的送检,负责C类采购产品的自检,并负责与供方和海关的联系工作。

(4)采购部门,负责与供方的联系和协调工作,负责向供方传递质量信息并监督供方的改进工作。

(5)营销部门,如客户需参加检验,由营销部门负责通知客户,并一起参加。

4. 工作程序和要求

(1)物资部门对国内采购产品进行开箱,核对实物与装箱清单是否相符,检查产品的外观是否有缺陷。如发现产品的外观有问题,物资部门应及时填报,交质量检验部门处理。

(2)物资部门在进口采购产品到货时,应检查其外包装是否完好无损。如发现外包装有损伤,而且其损伤程度可能影响到箱内设备,则应会同质量检验部门对外包装的损伤情况拍照检查,并与运输单位签署备忘录,保留索赔权利。随即应尽快组织开箱查验,由质量检验部门根据设备的损坏情况做出是否需要商检及索赔的结论,并协助物资部门做好索赔工作。

(3)物资部门负责备齐采购产品的有关证书和技术资料,根据产品的不同情况分别填写采购材料检验单、采购设备检验单或进口物资开箱验收单,并向质量检验部门提出检验申请。在检验前3天,把检验产品的名称、地点、时间用书面通知有关部门。

(4)各有关部门应派人员准时参加检验。如原责任人因故不能参加,有关部门应委派其他人参加并承担责任,或由其所在室主任(科长)直至所(处)分管领导参加。如因责任部门缺席而造成不良后果,由缺席部门承担责任。

(5)在检验过程中,各部门应齐心协力,各负其责,对自己负责的内容认真地进行检验,做好检验记录,把自己的检验意见提交给质量检验部门的专职检验员。检验员综合各方面意见作出检验结论,把结论填写在上述检验单上,各参加部门代表都应签字负责。

(6)在检验过程中,若发现采购产品(或部件)须补上(或重上)油封的,由技术部门出书面通知给生产部门,由生产部门落实。

(7)物资部门负责对船东供应品的名称、规格、数量进行核对,并对其外观质量或外包装的情况进行检查。

5. 检验内容及要求

(1)审核采购产品证明书、图号、托盘号、检测外观质量、尺寸及实物标志。要求:质量证明书、认可证书,字迹清晰、数据完整、签字盖章齐全;实物批号、标识、规格、数量与质量证明书一致;各项检测数据符合标准规定;非金属材料在有效使用期内。

(2)从合格供方之外购进的主要用途的采购产品、标志不清且用途重要的采购产品,需加倍取样检验。若发现不合格,则应逐批或逐个检验,剔出不合格品。

(3)合同规定由供方来公司现场交货的,由经营生产部门通知供方来公司现场,按规定内容与要求检验,检验结果由供需双方确认。

(4)当合同规定或客户要求因质量控制需要到供方现场检验的采购产品,无论在供方检验时的结论合格与否,采购产品到公司后必须按规定内容与要求重新检验。

(5)检验员对采购产品检验后,填写进厂检验记录表(表3-3),明确合格与否的结论意见。保管员依据检验结论,应及时将合格采购产品移至合格区,不合格的移至不合格区保管。标志不清的合格采购产品,入库保管时必须重新标志清楚。采购产品的检验员做好检验记录的整理保存工作。

舾装件进厂检验记录表　　　　表3-3

编号:　　　　　　　　　　船名:

序号	舾装件号	名　称	规格型号	材质	标签	数量	外观质量
1							
2							
3							
4							
5							
6							
7							
8							
9							
10							
检验结论			配送者			日期	
			质检员			日期	
			接收者			日期	

综上可知,检验是对所采购舾装品的质量进行确认,以保证采购来的舾装品符合采购协约上的条件,否则采购来的舾装品质量状态不明。但实际运作过程中也有进行免检的,如采购方认为供应方的质量稳定,符合要求,且信誉度高,将检验工作取消,同时将风险转嫁给供应方。免检不代表不再检验,而是有策略地进行抽查,以防止供应方偷奸耍滑。无论实际运作中如何操作,需要明确的一点是,采购方一定要了解所采购的产品质量。采购产品报检(检验)单的形式如表3-4所示。

采购产品报检(检验)单　表3-4

编号:

器材名称		规格型号	
数量		件数	
检验种类		质量凭证	
通知时间		时间要求	
送单人签字		收单人签字	
批次:	重量(件数)	批次:	重量(件数)
检验结果			

二、检验不合格采购产品的处理要求

经过检验,很可能发现采购的舾装品存在缺陷或不合格情况。对不合格采购产品的控制必须严格进行,其处理权限、程序、要求,应当有专门的程序文件予以规定。对采购产品中不合格品进行处置控制,防止不合格采购产品的非预期或原预期使用。

1.不合格采购产品的处理办法

在采购的合同中(或者在相关的采购文件中),应当明确规定:

(1)在什么情况下拒收,原货退还供方。

(2)在什么情况下由供方负责返工或返修。

(3)在什么情况下由供方负责从发现不合格采购产品的供货批次中,挑选出合格的采购产品,对不合格产品按什么要求进行处理。

(4)供方必须承担由不合格品造成的全部损失(损失的计算方式也可以事先规定)。

对不合格采购的舾装品作出让步处理时应十分慎重,必须按规定的权限进行评审批准,必要时还应向船东报告并得到其允许。

2.不合格采购产品的处理要求

不合格采购产品的处理要求包括如下内容:

(1)卸除采购产品包装后发现严重残损短缺时,应按原包装封存,由经营生产部门联系供方来人处理。

(2)材料标志不清,无质量证明书时,由经营生产部门联系供方解决。

(3)需要降级、让步使用的原材料,按不合格品处理程序处理。

(4)检验确认为不合格的采购产品,经营生产部门要及时索赔、退换。在处理不合格产品且需要相关部门配合时,由经营生产部门通知相关部门。

(5)属物资部门错订、漏订、少订的,由物资部门承担责任并负责解决。

(6)物资部门按照技术部门的订货文件采购的产品,若不满足生产要求,则由技术部门承担责任并负责解决。

3. 不合格采购产品处理的工作程序

(1)不合格采购产品按照其采购分类及对企业产品质量的影响程度,分别采取相应的处置方式进行控制,相应人员须经企业总经理授权。

(2)直接用于产品生产,对产品质量可产生直接的、不可控影响的,或未直接参与产品形成,但会对产品质量形成过程及产品质量造成不可控、不可逆等影响的,或对生产安全产生影响的采购产品,由企管部门、生产技术部门依据接收验证结果,与供方沟通,由供方负责采取退货、换货的方式实施处置。

(3)使用中,对产品质量无明显影响或在使用过程中可以控制其影响程度和范围的采购产品,由使用单位或供方提出让步接收申请及控制措施,经生产技术部门、企管部门、安全质管部门共同审核确认,报企业主管领导批准后,可采取让步接收的处置方式。由企管部门实施接收存置并进行标识,同时向供方告知。但让步接收并不表示可以减轻供方责任,同时也不表示没有后续的退、换货措施。

(4)让步接收的任何理由和措施,均不能作为产品质量判定依据,也不影响安全质管部门或客户对产品质量的判定。生产技术部门、企管部门、安全质管部门统计让步接收物资的使用数量、途径及对产品质量进行监督管制,生产技术部门负责对其使用控制措施的实施进行检查。

(5)在使用让步接收物资时,若发生产品质量异常,需立即停止继续使用,对异常情况进行追溯评审,确定是由让步接收物资引起异常且无有效控制措施时,应对该让步接收物资停用、回收,与供方沟通,实施退、换货处置措施。

(6)因生产急需无法进行正常接收验证,需要紧急放行时,可由使用单位提出申请,经生产技术部门审核确认,报公司分管副总经理批准,实施让步接收,同时通知供方。对这种让步接收的物资,企管部门、安全质管部门必须对其进行明确标识,并对其使用过程进行跟踪监管,以便于及时依据放行后续的验证结果采取停用、回收、追溯、评审、处置等控制措施。

(7)使用中,对产品质量、客户需要或生产安全无影响的其他采购产品,可由使用单位根据其不合格程度、范围、价值的影响因素,提出相应的处置方式,经归口管理单位确认,与供方沟通,实施处置。不合格采购产品处理记录表形式如表 3-5 所示,让步接收申请单形式如表3-6所示。

不合格采购产品处理记录表　　表 3-5

品名		生产日期	
规格		数量	
采购日期		采购人	
不合格原因			
处理过程	过程监督人：　年　月　日		
审核	审核人：　年　月　日		

让步接收申请单 表3-6

编号：

<table>
<tr><td>产品名称</td><td></td><td>数量</td><td></td><td>申请单位</td><td></td></tr>
<tr><td>使用单位</td><td></td><td>规格</td><td></td><td>申 请 人</td><td></td></tr>
<tr><td>采购品质量状态及让步理由</td><td colspan="5"></td></tr>
<tr><td>让步接收使用预控措施</td><td colspan="5">审批： 年 月 日</td></tr>
<tr><td rowspan="2">评审意见</td><td colspan="2">生产技术部</td><td colspan="2">企管部</td><td>安全质管部</td></tr>
<tr><td colspan="2">负责人：
时 间：</td><td colspan="2">负责人：
时 间：</td><td>负责人：
时 间：</td></tr>
<tr><td rowspan="2">过程与后续措施验证</td><td colspan="2">生产技术部</td><td colspan="2">企管部</td><td>安全质管部</td></tr>
<tr><td colspan="2">负责人：
时 间：</td><td colspan="2">负责人：
时 间：</td><td>负责人：
时 间：</td></tr>
<tr><td>批准</td><td colspan="2">年 月 日</td><td>备注</td><td colspan="2"></td></tr>
</table>

三、产品采购程序

为了保证采购舾装品的质量，企业需要一套完善的采购程序。采购程序包含对供方的评定、具体的采购计划等内容。

1. 对供方的评定

(1)供应部门根据采购物资技术标准和生产需要，向供方发放供方调查表，通过对物资的

质量、价格、供货期等进行比较，依据调查情况填写供方评定记录表，对供方进行评审，经评审合格的供方列入合格供方名录。对同类物资应同时选择几家合格的供方。供方评定记录表形式如表 3-7 所示，合格供方名录形式如表 3-8 所示。

供方评定记录表　　表 3-7

编号：

企业名称	
产品名称	
评定日期	
评定组成员	组长：　　成员：
评定主要内容：	
评定结论：	
评定人签字	
主管领导审签	

报告日期：　　年　月　日

合格供方名录　　表 3-8

序　号	供方名称	产品名称	认定合格依据	评定时间	备　注

企业领导签审：　　年　月　日

一般情况下，仅对提供 A 类物资的供方发出供方调查表进行评价，评价内容包括如下几方面：供货能力、加工能力、工艺水平，材料质量、质量保证能力，信誉、销售服务。对于提供 B 类、C 类物资的供应商可不予发出供方调查表。提供 B 类材料的供方通过试用合格，相关部门认可，管理者代表批准即可。对于 C 类材料，物管部门进行检验后，仓库验收合格即可。

(2)对于有多年业务往来的供方，应提供充分的书面证明材料，可以包括以下内容，以证实其质量保证能力。

①体系认证证书；

②供方产品的质量、价格、交货能力等情况的综合评定。

(3)对于第一次供货的供方，还需经样品检测或小批量使用，测试合格后才能供货。

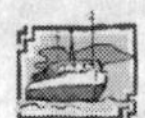

①供方根据提供的技术要求提供少量样品；

②检验员对样品进行检验，出具相应的检验报告，反馈给供应部门；

③样品如不合格可再送样，但最多不能超过两次；

④样品检验合格后，供应部门通知供方小批量供货，经检验员检验合格后，交生产车间使用；

⑤小批量进货检验或试用不合格，则取消其供货资格，试用合格者可列入合格供方名录。

因 A 类物资的特殊性，对于第一次供应 A 类物资的供方，应与其签订质量保证协议书或提供充分的书面证明材料。

(4)供方产品如出现严重质量问题，供应部门向供方发出纠正和预防措施处理单。如两次发出处理单而质量没有明显改进的，应取消其供货资格。

(5)供应部门每年对合格供方进行一次质量、价格、服务等跟踪复评，并将复评结果记录在供方评定记录表中。

2. 采购

(1)采购计划。

①物资管理部门根据生产计划、库存情况，核算需求量，制定采购计划，分管领导批准后实施；

②计划外产品需要采购时，根据需要填写请购单，由分管领导批准后实施；

③供应部门根据接单情况及库存情况编制采购单，需要经主管领导审批后才能实施采购；

④保持采购文件记录。

(2)采购的实施。

①供应部门采购人员根据批准的采购单，在合格供方名录中选择供方并进行采购，并向供方提供有关的采购资料，采购资料大致包括规格、设计图样、等级、品种、技术标准等；

②第一次向合格供方采购物资时，应签订采购合同，明确品名、规格、数量、质量要求、技术标准、验收条件、违约责任及供货期限等；

③物资管理部门根据需要将相应的技术要求作为合同附件提供给供方；

④采购前，采购员应核实提供给供方的技术要求是否有效，并将采购计划交物资管理部门主管确认后实施采购；

⑤在采购过程中，如遇采购的物资不能满足文件要求，采购人员应提出材料代用申请单，得到技术部门的批准后，方可实施。

3. 采购信息

船厂采购文件包括采购单、采购合同、内部工作联络单及附件等。由供应部门保管，采购文件发放前，应由相应的发放部门主管对其进行审查。

采购文件对采购产品提出质量要求(提供规范、图样等技术文件)、验收要求及其他要求(如价格、数量、交付期等)。

4. 采购产品的验证

验证活动可包括检验、测量、观察、工艺验证、提供合格证明文件等方式。在相应的检验规程中规定了不同的验证方式。

第四节　生产过程质量控制管理

生产过程质量控制管理规定了产品生产过程质量控制要求，目的是对影响过程质量的人员、设备、采购原材料、方法和环境等方面实施有效的控制，以保证最终产品质量满足标准和用户的要求。

生产过程质量控制管理的职责主要包括以下几个方面：

(1)生产部门负责依据技术、工艺文件及过程管理文件对生产过程进行质量控制，负责生产过程的物质保障。

(2)经营生产部门负责生产过程的协调管理工作及负责产品的周转运输。

(3)技术质量部门负责提供生产过程所需的技术、工艺文件，负责生产过程质量的监督、检验和考核。

一、人员、文件的控制

1. 人员的控制

(1)舾装生产作业上岗人员，必须经过相应的专业技能和质量管理基础知识的培训，经过考核合格并取得培训合格证后，方可上岗工作。

(2)舾装生产作业施工人员，必须熟悉和掌握所从事生产作业过程的技术要求，并严格执行工艺规程、工序质量控制要求及安全操作规程。

2. 文件的控制

(1)舾装作业生产过程，在获得表述产品特性的图纸和相应技术文件及施工所具备的工艺或作业指导书的条件下，方可进行生产。

(2)舾装作业生产过程所使用的技术文件，应严格执行文件控制程序对文件的控制要求，确保所使用的文件是适用有效的。

二、生产用设备、计量器具的控制

控制的目的是延长设备使用寿命，减少故障发生，保持良好工作状态，保证产品质量，提高工作效率，同时保证生产安全。

1. 参加部门和职责

(1)质管部门负责测量用的检测仪器的管理及日常的维护和校正管理工作。

(2)生产部门负责生产用的生产设备日常的维护维修工作。

(3)生产车间负责对生产用的生产设备的管理及日常的管理和点检。

2. 控制内容

(1)生产使用的设备应由主管部门检定合格并签发合格报告，并按规定对设备做出合格标识，确认能保证产品质量时，方可使用。

(2)所有机器设备均需记录存档，由生产部门建立机器设备一览表，机器设备一览表上的各种机器设备，均需有作业指导书或标准，以供操作参考。

(3)生产使用的计量器具，必须按规定的周期进行检定，对器具做出合格的标识，确保计

量器具的精度满足生产过程监视和测量的要求。操作员必须按作业规定操作,严禁违章作业,非专业人员严禁操作设备。

(4)每部机器设备均需日常维护保养,并由作业员做好日常保养,部门主管监督执行,无需做记录。

(5)机器设备维护分为二级:一级为日常保养、二级定期保养。

①日常保养:每日由相关作业员按设备要求进行清洁、加油润滑等维护工作。生产过程中,若设备出现异常故障时,作业员应及时通知维修工,维修工在日常设备维修时须填写设备维修记录。

②定期保养、点检:使用部门根据机器设备保养标准定期对机器进行设备保养,并将情况填写在机器设备保养记录内。

(6)机器设备正在运转时,如发现有异常或重大事故症状时,需立即停机报告设备主管,并做必要处理。

(7)故障修理。机器设备故障若本厂可以维修,则由需要维修的部门填写维修申请单,送设备组维修,若本厂无法维修时,由需要维修部门填写维修申请单,部门主管签名确认,通知设备生产厂,派人协助解决。经生产部门确认,企业内无法修复的设备,须报管理者代表批准,由采购联系送外修理。

(8)报废流程。机器设备故障在公司内部不能修复且无外修价值时,则由使用部门填写设备报废申请表,维修人员做确认后,交生产部门主管审核,报管理者代表批准。机器设备故障在公司外部不能修复时,则由使用部门填写设备报废申请表,连同外部不能维修报告,交部门主管审核,再交管理者代表批准。管理者代表批准后,将设备报废申请表原件交会计处,办理机器设备报废相关的财务事宜。

机器设备经管理者代表核准报废后,使用部门需在生产设备台账中注明已报废,不再根据保养计划安排保养作业。报废设备由仓库回收,统一定点放置。

生产设备控制流程如图 3-3 所示。

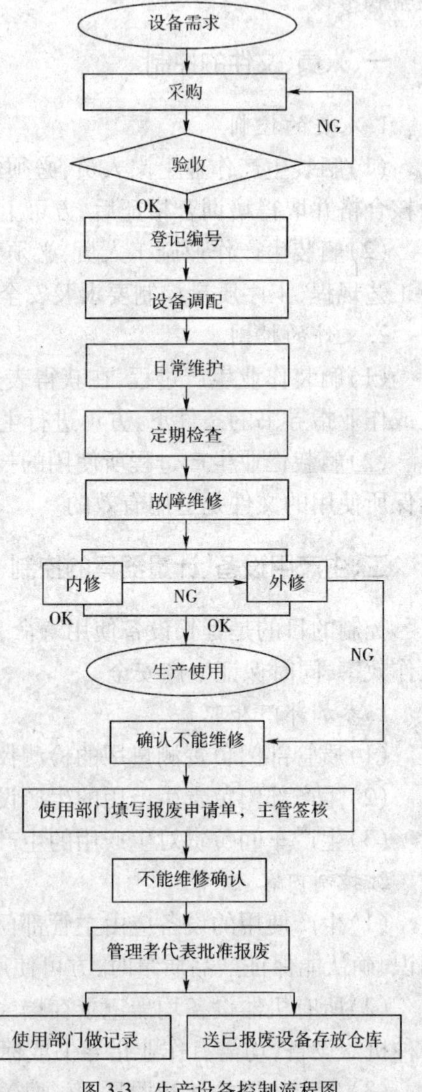

图 3-3　生产设备控制流程图

三、环境的控制

舾装生产作业中,为了规范工作区域环境与生产设施、设备管理,确保产品实现的过程中各设施设备的准确性、符合性,特制订了环境控制程序。环境控制程序明确了生产经营活动中,对污染预防和环境运行控制的内容和要求。

(1)生产过程的环境条件,应符合生产标准及技术

文件的要求，应具备保证产品质量所需的环境要求。

(2)在各项生产经营活动过程中，应考虑环境污染、节约资源和能源等问题，对于缺乏作业指导，可能会导致偏离环境方针和目标与指标的生产过程，应编制作业指导书，确保生产过程在规定的条件下进行。

(3)设置重点环境污染源监控点，对重要排放口设置标识。

(4)新产品、新项目应向高效率、资源再生利用方向发展；工艺设计中，对原材料使用或服务过程，尽可能采用无害化的工艺技术和材料，减少原材料的浪费。

(5)成品、半成品、在制品，应按规定的要求分别摆放在指定区域内，且区域标识明显、醒目，废品隔离并标识。生产现场应符合文明生产的要求。

(6)生产现场应及时清理多余杂物，保持道路畅通，满足现场的环境要求。

(7)在关键部位使用明火或用电作业时，必须事前采取防范措施，措施不落实不操作；交叉作业时，应采取保护防范措施，防止损坏相临作业。如出现质量问题，由造成单位负责。

(8)废弃物和放射性污染源分别按固定废弃物管理规定、无损检测工作安全管理规定进行控制。

四、首件的控制

1. 首件的定义

首件是指每个班次刚开始时或过程发生改变(如人员的变动、换料及换工装、机床的调整、工装刀具的调换修磨等)后，加工的第一件或前几件产品。对于大批量生产，首件往往是指一定数量的样品。

2. 首件的检验

首件检验也称为首检制，是指在生产开始时或工序因素调整后，对制造的第一件或前几件产品进行的检验，即在设备或制造工序发生任何变化，以及每个工作班次开始加工前，都要严格进行首件检验。长期实践经验证明，首检制是一项尽早发现问题，防止产品成批报废的有效措施。通过首件检验，可以发现诸如工夹具严重磨损或安装定位错误、测量仪器精度变差、看错图纸、投料或配方错误等系统性原因，从而采取纠正或改进措施，以防止批次性不合格品发生。它是预先控制产品生产过程的一种手段，是产品工序品质控制的一种重要过程，是企业确保产品品质，提高经济效益的一种行之有效、必不可少的方法。

首件检验一般采用三检制的办法，即操作工人实行自检，班组长或质量员进行复检，检验员进行专检。首件检验后是否合格，最后应得到专职检验人员的认可，检验员对检验合格的首件产品，应打上规定的标记，并保持到本班或一批产品加工完为止。

对大批量生产的产品而言，首件并不限于一件，而是要检验一定数量的样品。首件检验合格后方可进入正式生产。

3. 首件检验的范围

通常，在下列情况下应该进行首件检验：

(1)新研制产品在工艺定型前的首件。

(2)不连续的批量生产，间隔一年后又恢复生产的首件。

(3)设计图纸发生重大更改后生产的首件。

(4)设备重新调整或工艺规程发生重大更改后生产的首件。

(5)合同要求指定的首件。

4. 首件检验的项目

首件检验的主要项目如下：

(1)首件生产所依据的技术、工艺文件，是否正确、完整、协调、有效。

(2)首件产品加工出来后的实际质量特征是否符合图纸或技术文件所规定的要求。

(3)生产操作人员和检验人员是否具备资格和上岗证。

(4)首件质量与其质量记录是否相符，质量问题是否按规定得到处理。

(5)有客户要求的工序是否经客户签署认可。

(6)首件产品是否符合合同、客户确认样及安全标准要求。

5. 首件检验的程序和要求

(1)由工程部门提出首件鉴定目录，质量部门会签，技术负责人批准。

(2)生产部门根据首件鉴定目录，应采取先首件后批量的原则组织生产，允许首件相对同批产品领先加工。

(3)首件加工检验合格，需要经计量测量合格后，生产部门填写首件鉴定报告表，送工程部门。

(4)工程部门应收集首件鉴定材料，包括原材料验收合格记录、首件工艺流程卡或工艺规程、首件检验记录、工艺文件、设计图纸等，并进行预审。首件检验记录表形式如表3-9所示。

首件检验记录表 表3-9

<table>
<tr><td rowspan="2">首件信息</td><td>产品型号</td><td></td><td>版本</td><td></td><td>规格</td><td></td><td>班组</td><td></td><td>生产日期</td><td></td></tr>
<tr><td colspan="8">□开机/开线首检 □修模首件 □转产首件
□生产参数变更 □材料变更 □其他：</td><td>检验时间</td><td>时分</td></tr>
<tr><td rowspan="9">检查记录</td><td rowspan="2">项目</td><td rowspan="2">检测标准</td><td colspan="5">实测值</td><td rowspan="2">判定</td><td rowspan="2" colspan="2">备注</td></tr>
<tr><td>1</td><td>2</td><td>3</td><td>4</td><td>5</td></tr>
<tr><td>尺寸</td><td></td><td></td><td></td><td></td><td></td><td></td><td></td><td colspan="2"></td></tr>
<tr><td>外观</td><td></td><td></td><td></td><td></td><td></td><td></td><td></td><td colspan="2"></td></tr>
<tr><td>结构/装配</td><td></td><td></td><td></td><td></td><td></td><td></td><td></td><td colspan="2"></td></tr>
<tr><td>功能</td><td></td><td></td><td></td><td></td><td></td><td></td><td></td><td colspan="2"></td></tr>
<tr><td>可靠性</td><td></td><td></td><td></td><td></td><td></td><td></td><td></td><td colspan="2"></td></tr>
<tr><td>持续改善</td><td></td><td></td><td></td><td></td><td></td><td></td><td></td><td colspan="2"></td></tr>
<tr><td>客诉跟进</td><td></td><td></td><td></td><td></td><td></td><td></td><td></td><td colspan="2"></td></tr>
<tr><td>最终判定</td><td>结果</td><td colspan="2">□合格
□不合格</td><td colspan="2">检验员：
生产确认：</td><td colspan="2">是否同意量产
□是 □否</td><td colspan="2">工程技术：
品质核准：</td><td></td></tr>
<tr><td>注意事项</td><td colspan="10"></td></tr>
<tr><td>填写说明</td><td colspan="10"></td></tr>
</table>

(5)工程部门认为可以进行首件鉴定时,应提请技术负责人,召开首件鉴定会。

(6)首件鉴定记录应包括:产品名称、图号、设计图纸、工艺文件的版次、首件检验记录、材料原始记录等。

(7)首件制造中的原始记录、工艺流程卡或工艺规程及检验记录,应保持正确、清晰,确保文实相符和可追溯性。各种原始记录应复制附在鉴定报告表后。

(8)鉴定组人员应充分审理首件各种技术文件和记录,必要时可进行重新检测或试验。

(9)首件鉴定合格后,应填写首件鉴定报告表,并作出合格结论,参加人员签字(表3-10~表3-12)。

(10)当首件鉴定未通过时,生产部门应重新按鉴定会要求整改,并重新组织生产,重新进行首件鉴定。

(11)当首件鉴定合格的零部件在设计、工艺、设备有重大变化时,应重新组织首件鉴定。

(12)当客户要求对首件进行鉴定时,公司可按客户要求做好首件鉴定的资料准备工作,客户可代替公司进行首件鉴定。

(13)首件鉴定报告表连同工艺流程卡或流水卡片、检验记录等原始记录复印件,一并归档保存。

首件鉴定报告1　　表3-10

编号:

首 件 鉴 定 报 告

首件图号________________

首件名称________________

产品代号________________

单位:

年　　月　　日

第(　　)页　共(　　)页

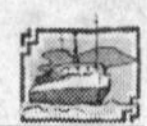

首件鉴定报告2　　表3-11

鉴定内容	结果(满意√)	评语和改进建议
首件试制对设计要求的符合性		
设计文件(图纸等的现行有效性)		
工艺文件的正确性、协调性、有效性		
加工设备、试验设备和计量器具的有效性、准确性		
生产环境		
操作人员和检验技术水平		
器材选用的合理性		
质量原始记录的完整性		
鉴定意见	鉴定组组长：　年　月　日	
跟踪管理	工艺设计：　年　月　日	

第(　)页共(　)页

首件鉴定报告3　　表3-12

鉴定组成员名单：

人员	姓　名	单　位	职务(职称)	签　名
组长				
副组长				
成员				
成员				
成员				
成员				
成员				

第(　)页共(　)页

五、关键过程的控制

关键过程是对舾装生产质量起决定性作用的过程。这样的过程必然是与关键件、重要件有关的过程，以及生产质量不稳定的过程、易造成重大经济损失的过程等。

1. 关键过程

(1)通过生产形成关键、重要特性的过程。

(2)生产难度大、质量不稳定的过程。

(3)外购的关键、重要件验收过程。

在船舶舾装生产中，例如像舾装件制作、管子装配、设备及阀件安装等关键过程，需要依据过程能力确认准则进行确认。技术质量部门根据各关键过程，编制相应检验记录表，并组织实施过程确认工作，经营生产部门对过程确认的实施过程进行协调管理。

过程能力确认准则是为满足质量体系对关键过程能力确认而制定的。为确保本厂生产的产品和服务能够满足客户要求，要对关键过程的质量保证能力进行确认，经确认满足本准则要求的关键过程，才能进行正常的生产安排。

2. 过程能力确认准则

(1)参加部门和职责。

①技术质量部门负责提供关键过程工艺文件，负责对关键过程能力确认工作的监督；

②施工单位负责对关键过程能力的确认工作；

③经营生产部门负责为关键过程提供满足工艺要求的环境。

(2)内容与方法。

①关键过程的施工要对工艺参数、人员及环境等做出规定；

②施工单位在实施关键过程施工前，组织本单位工艺人员及相关管理人员开展关键过程的确认工作。确认内容如下：

a. 关键过程工艺文件已制定，并满足要求；

b. 关键人员按关键过程要求取得上岗资格；

c. 关键过程所用设备能够满足使用要求，并经设备管理部门检定合格且有合格标识；

d. 关键过程中所用的计量器具已经确认，并经主管部门检定合格且有合格标识；

e. 生产环境满足规定的要求；

f. 生产记录已经确认并能满足质量记录的要求。

③再确认。

再确认要求如下：

a. 停工时间超过三个月时，按确认要求进行再确认；

b. 在过程中，使用的设备、操作人员、工艺方法、验收标准等发生改变时，要对过程进行再确认。

④关键过程能力确认的审定。

a. 生产单位对关键过程开展确认后，按规定填写过程能力确认记录表，经生产单位主管领导批准后方可施工。过程能力确认记录表形式如表3-13所示。

过程能力确认记录表　　表3-13

＿＿＿＿＿＿＿＿＿＿过程能力确认记录表

编号：　　　　　　　　　　　　　　　　　　　共　页第　页

产品名称		确认部位		施工部门	
确认项目	确认结果				确认人
人员资格					
设备					
工艺					
施工记录					
检验记录					
结论意见： 签名：　　　　　　年　月　日					

b. 生产单位负责保存过程能力确认记录表和生产过程的记录。生产过程的记录作为过程能力确认的见证资料。

六、生产过程质量的其他控制

1. 生产过程的监视和测量

各施工部门依据相关技术和工艺要求，对舾装生产过程进行监视和测量，确保生产过程的质量满足规定要求。各工序应按规定要求，详细记录产品特性和过程特性，满足对生产过程的质量追溯。生产过程的监视和测量记录表形式如表3-14所示。

生产过程的监视和测量记录 表3-14

编号：

序号	时间	抽检项目名称	抽检数量	检验测试情况记录	操作员	不合格返工后验收	备注

检验员： 生产部： 技术部：

2. 计算机软件的控制

生产过程中使用的计算机软件必须经技术质量部门确认和批准后方可使用。

3. 标识和可追溯性控制

(1)对生产过程开展标识和可追溯性的控制，舾装生产现场应进行区域划分，且标志明显、醒目，防止生产过程中产品的混淆和误用，以实现必要的产品追溯。

(2)舾装品，如管子、泵、阀门及所使用的其他辅助材料上，应有标识、材质、规格、批号，随实物应有质量证明书，在技术质量部门检验实物标识与质量证明书一致的条件下，方可使用。

(3)舾装品，如管子、泵、阀门等，分别采用原标识作为唯一的标识，满足可追溯性的要求。

4. 过程产品的周转与防护的控制

(1)过程产品周转时，应由上道工序自检，下道工序确认，不得周转未经检验合格的过程产品。

(2)根据产品特点，并按规定对产品进行防护，施工部门负责各自承担产品防护，经营生产部门负责产品运输防护，对防护措施的有效性进行监督、检查与考核。

(3)在生产过程中，下道工序发现上道工序转来的产品不符合技术要求时，应及时通知技术质量部门，转入不合格品审理程序。

5. 产品检验的控制

按规定要求进行自检、互检、报检，并提供相关检验记录。

第五节　不合格品控制管理

为确保不符合产品要求的舾装品得到识别和控制，以防止其继续使用或交付，特制定不合格品控制程序。不合格品控制程序适用于对舾装生产过程中出现不合格品的控制。技术质量部门负责对不合格品进行识别，并跟踪不合格品的处理结果。相关部门负责对不合格品做出处理决定。生产不合格品的责任部门对不合格品采取纠正措施。

一、不合格品审理人员的资格要求

技术质量部门依据国家标准及产品的质量证明书对进货产品进行检验，对不符合要求的产品，由检验员对其做出"不合格品"标识，通知仓库将其放置在不合格品区域。

技术质量部门在产品验收报告中注明不合格的原因，将其返回经营生产部门，并尽快做出处理。

从事不合格品审理的人员必须经资格确认，持有企业主管领导签发的授权书。

1. 不合格品审理人员的任职要求

(1)不合格品审理人员应熟悉质量管理法规，并系统地进行过质量管理基础知识学习。

(2)质量意识强，能牢固树立"质量第一，顾客至上"的思想，工作作风踏实。

(3)有较高的基础理论知识和专业知识，对本专业的业务熟悉，并有一定的实际工作经验。

(4)企业不合格品审理人员应是从事产品科研与设计、工艺编制与管理、产品质量管理、产品检验技术等专业工作的人员担任。

2. 不合格品审理人员的权限

(1)负责一般不合格品的审理和验证。

(2)负责采购物资过程中的不合格品审理。

(3)负责不合格品审理文件的填写、传递和保管工作。

此外，不合格品审理人员资格确认每三年进行一次。

二、生产过程中不合格品的控制

生产单位和技术质量部门按照产品检验规则对生产过程中的产品进行自检、互检和专检。若在检验中发现不符合标准的不合格品时，应及时填写不合格品评审表，并通知技术质量部门对产品质量进行评审。不合格品评审表形式如表 3-15 所示。

经技术质量部门评审判定为不合格品后，技术质量部门首先对其做出"不合格品"标识，并监督将不合格品放入指定区域内，安排重新检验，根据检验的结果最后进行判定。判定的准则为：符合国标和船标的要求，但不符合成品验收规范中企业内控标准的要求时，判定为合格品；不符合国标和船标的要求时，判定为废品。

若判定为合格品，可以转入下一道工序，但与其相关的所有半成品和成品均应做出"合格品"标识；若判定为废品，则直接转入不合格品区，通知施工单位做出报废处理。

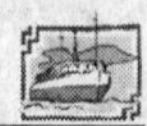

不合格品评审表　　表 3-15

<table>
<tr><td colspan="4">原材料 □　半成品 □　成品 □　其他 □</td></tr>
<tr><td>名称</td><td></td><td>批号</td><td></td></tr>
<tr><td>数量</td><td></td><td>日期</td><td></td></tr>
<tr><td colspan="4">不良内容：
操作者：　检验员：</td></tr>
<tr><td colspan="4">不合格品原因分析：</td></tr>
<tr><td colspan="4">纠正措施：</td></tr>
<tr><td colspan="4">处置对策：　报废 □　换货 □　退货 □　返工 □
不合格品评审组组长/日期：</td></tr>
<tr><td colspan="2">处置情况：
部门负责人：
日　期：</td><td colspan="2">处置后跟踪情况：
确认人：
日　期：</td></tr>
</table>

三、成品检验中不合格品的处置

技术质量部门根据产品检验规则对其进行检验。

在检验过程中若发现有不合格品，应首先对其做出不合格标识，填写不合格品评审表。由主管质量的负责人对不合格品评审表进行评审，并根据评审决议进行处置。对于返工的不合格品，在返工完成后，必须经检验人员再次进行验证，以证实符合要求后，方可转序。

经过重新检验，根据产品检验规则来判定其等级。判定方法为：符合国标和船标的要求，但不符合企业的内控指标的要求时，判定为合格品；不符合国标和船标的要求时，判定为废品。

判定为合格品，则放置在合格品区域，做出标识，通知经营生产部门此批产品作为合格品发货。若判定为废品，则放置不合格品区，做出不合格标识，并通知相关部门作为报废处理。要详细记录不合格品的性质及对不合格品所采取的任何措施，包括经批准的让步记录。对产品交付给客户及产品投入使用时发现的不合格品，要及时组织人员到现场修理，如修理达不到合格要求的，采取调换或与客户协商的其他措施，但必须满足客户要求。

四、不合格品的统计分析

对发现的不合格品，技术质量部门应登记不合格品评审表，并运用统计技术方法对其进行分析，找出主要不良项目并识别原因，采取纠正预防措施，执行纠正和预防措施控制程序。

第六节　纠正与预防措施

一、纠正措施

纠正措施管理程序是为了消除不合格原因,防止不合格的再次发生,促进质量管理体系的不断完善和持续改进。程序适用于对不合格(包括客户抱怨)采取纠正措施,以消除不合格原因。

1. 参与部门职责

(1)技术质量部门负责组织对纠正措施评价、监督检查和验证纠正措施的有效性。

(2)责任部门负责针对不合格品对公司的综合影响程度制定纠正措施,经评价确定后实施。

2. 管理内容与方法

(1)不合格评审。对质量管理体系运行方面和产品质量方面的不合格,特别是客户反馈的(包括客户抱怨或投诉)不合格进行评审,确定其纠正措施。

不合格程度可分为:

①严重,造成一定批量的不符合产品要求,但不影响产品关键特性及关键件的不合格,客户多次抱怨和投诉;

②一般,少量的非关键、非重要舾装件存在一般不合格,客户一般性抱怨;

③轻微,产品存在数量较少的轻微不合格或工序间的不合格。

(2)确定不合格原因。针对不合格项目,通过调查分析,确定不合格原因。主要通过对程序、文件、上岗人员的素质、执行操作规程和施工工艺、设备和设施等方面的调查,找出不合格的原因,并运用因果图、排列图等质量管理工具,找出主要原因。

责任部门应及时组织有关人员调查分析和确定不合格原因,并在纠正错误实施记录表中记录。

不合格原因调查的内容为:

①设计(咨询)的标准、规范有效版本情况;

②产品实现的合理性;

③质量管理体系完善与否;

④工序控制与操作是否符合规定要求;

⑤人员素质情况;

⑥设备配置与保养维修;

⑦工作环境。

(3)确定纠正措施的需求。通过综合考虑对体系和产品的影响程度,从当前的生产能力和质量保证能力等条件来确定纠正措施的需求,以保证纠正措施的有效实施。

(4)确定并实施纠正措施。针对不合格的主要原因,制订纠正措施。根据原因明确措施要求,落实措施的责任单位、责任人、完成时间。要求制订的措施具体、可行,具备可操作性,通过落实措施能实现防止不合格的重复发生,并满足举一反三的要求。制订纠正措施应与不合

格的影响程度相适应。

纠正措施的内容应包含：

①纠正不合格的方法与步骤；

②纠正措施实施及完成时间；

③责任部门和负责人。

纠正措施的审批：

①产品一般不合格纠正措施由部门负责人审批；

②产品严重不合格和质量管理体系运行不合格的纠正措施由管理者代表审批。

(5)跟踪并记录纠正措施的结果。

①由技术质量部门质管员负责跟踪纠正措施的实施过程,要求责任单位对纠正措施的实施过程进行详细记录,确保措施要求得到全面落实,防止不合格的重复发生；

②由技术质量部门质管员对纠正措施结果有效性进行验证。

(6)评审纠正措施的有效性。

①不合格产生的原因,如因施工人员违反相应程序、施工工艺等责任性的纠正措施,由技术质量部门组织评审并提出评审意见；

②不合格产生的原因,如因质量管理的有关文件、施工工艺的不合理,技术和工艺修改,设备、设施、环境等方面满足不了产品质量的要求,应由管理者代表组织相关部门和人员进行评审,并提出评审意见；

③对纠正措施产生的永久性更改,应纳入有关文件、规程,通过标准化、制度化保证纠正措施的后继有效性；

④评审发现纠正措施无效果或效果不明显,由技术质量部门监督责任单位按纠正措施实施程序重新进行,直至纠正措施切实可行。

(7)向客户通报。

将最终与产品质量有关的问题及纠正措施及时向客户通报。

二、预防措施

预防措施管理程序是为消除潜在不合格原因或其他不期望情况,实施预防为主,防止不合格的发生。

1. 参与部门和职责

(1)质检部门每月组织相关部门识别潜在的不合格因素,分析原因,制定相应的预防措施,验证并记录预防措施的有效性结果。

(2)预防措施的责任部门依据预防措施的实施程序,进行预防措施的实施。

(3)管理者代表负责确定需要采取的预防措施,并评审已采取预防措施的有效性。

2. 管理内容与方法

(1)潜在不合格的识别与确定。

①定期对各种记录和信息进行全面分析(主要是产品加工、舾装生产作业过程的业绩及其变化趋势),发现潜在的不合格因素,提供潜在的不合格因素信息；

②通过对质量管理体系内审与外审、管理评审、产品质量检验、客户反馈的信息,进行统计

分析,确定潜在不合格项目;

③针对潜在不合格项目,由技术质量部门组织相应人员,对潜在不合格项目应用因果图、排列图等质量管理工具进行分析,找出潜在不合格项目的原因和主要原因。

(2)分析潜在不合格原因。

当存在不良趋势,需要采取预防措施时,应深入分析潜在不合格原因的不良发展趋势程度,根据识别结果,开具预防措施处理单,填写潜在不合格原因,提出预防措施。

(3)评价需要采取的预防措施。

针对潜在的不合格因素,是否需要采取预防措施,应考虑所发现的问题与采取预防措施的成本和风险因素,以便做出与潜在不合格原因的影响程度相适应的预防措施。通过综合考虑对公司的影响程度,从公司当前的生产能力和质量保证能力条件及公司发展规划来确定预防措施的需求,以保证预防措施的可行性。

(4)预防措施的确定、实施。

①根据原因明确措施要求,落实责任单位、责任人、完成时间。要求制订的措施具体、可行,具备可操作性。通过落实措施能实现消除潜在不合格因素,达到对质量问题预防的要求。

②预防措施一经确定,应经管理者代表或总经理批准后实施。

③有关部门按预防措施处理单中的预防措施实施,实施过程中需更改时,应报管理者代表审批。预防措施处理单形式如表3-16所示。

预防措施处理单　　表3-16

编号:

责任部门		主管领导		填表日期	
潜在问题描述:					
潜在原因分析:					
确定和实施预防措施:					
举一反三检查及整改情况:					
预防措施有效性的验证: 验证人:　　日期:					

④预防措施实施部门应按计划完成相应预防措施,逾期不能完成的,向管理者代表报告。

⑤质检部门负责跟踪、严整预防措施的实施情况,记录有效性结果。

(5)记录所采取措施的结果。

由技术质量部门负责跟踪预防措施的实施过程,要求责任单位对预防措施的实施过程进行详细记录,确保措施要求得到全面落实,消除潜在的不合格,实现对潜在不合格的有效预防,并对预防措施结果的有效性进行验证。

(6)预防措施的评审。

①管理者代表负责对采取的预防措施的有效性结果进行评审，确定是否尚需采取更进一步的措施，或做出是否保留改进措施的更改。评审人员对达到预期效果的预防措施，要从管理文件、技术文件中得到体现，从对人员培训，设备、设施、环境改造等规划中得到体现，保证预防措施有效体现到全过程的预防控制上，有效防止潜在不合格情况的发生。

②依据管理评审的要求，在管理评审时需将采取的预防措施汇总并提交管理部门评审。

③预防措施的文件和记录管理，按文件控制程序和质量记录控制程序规定执行。

④评审发现预防措施无效果或效果不明显，由技术质量部门监督责任单位按预防措施实施程序重新进行，直至预防措施切实可行。图 3-4 为预防措施实施程序。

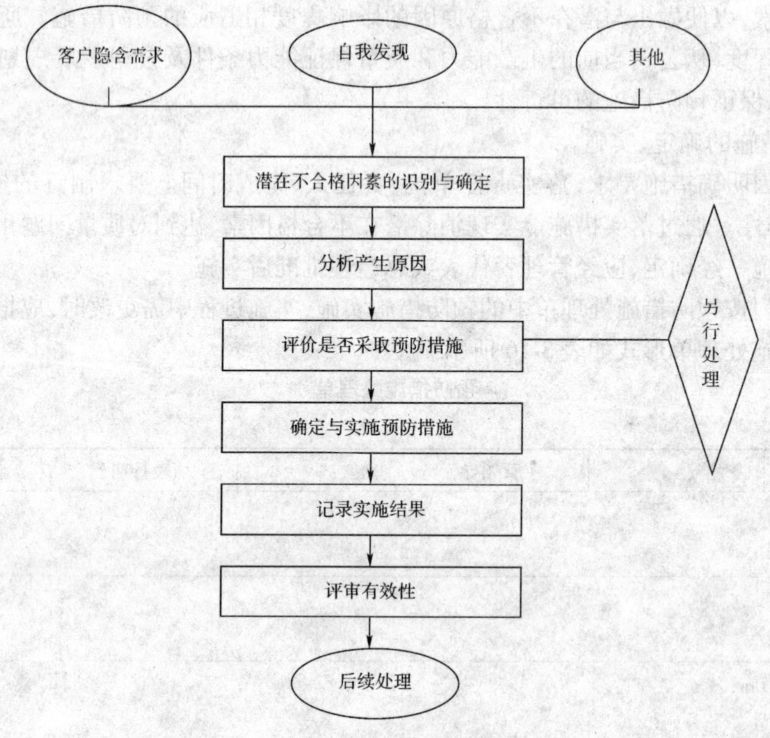

图 3-4　预防措施实施程序

SIKAO YU LIANXI

一、填空题

1. ISO 是指(　　　　　　　　　)。TC 176 即 ISO 中第 176 个技术委员会，全称是(　　　　　　　　)。

2. 质量管理体系文件由(　　　　　　　)、(　　　　　　　)、(　　　　　　　)与记录表构成。

3. 质量记录包括各项(　　　　　　　)记录、各项(　　　　　　　)记录、各种(　　　　　)和(　　　　　)记录和各种报告。

4. 采购产品的验证活动可包括(　　)、(　　)、(　　)、工艺验证、提供合格证明文件等方式。

5. 预防措施程序是为消除(　　　　)原因或其他(　　)情况,实施预防为主,防止不合格情况的发生。

二、名词解释

1. 产品质量。
2. 认证。
3. 质量管理体系。
4. 首件。
5. 关键过程。

三、简答题

1. 质量认证的作用是什么?
2. 质量管理体系程序文件主要包括哪些内容?
3. 采购产品的检验分类是什么?
4. 首件检验的范围是什么?
5. 纠正措施的内容是什么?

第四章　安全生产管理

● **学习目标**

知识目标

1. 了解安全生产管理的意义；
2. 了解安全生产管理制度的内容；
3. 了解加强安全生产管理的措施；
4. 了解设备、人员管理的内容与方法。

能力目标

1. 掌握从哪些方面加强安全生产管理；
2. 能够制订安全生产管理制度与措施；
3. 具有设备与人员管理的能力。

第一节　安全生产管理的意义

安全生产管理就是针对人们在生产过程中的安全问题，运用有效的资源，发挥人们的智慧，通过人们的努力，进行有关决策、计划、组织和控制等活动，实现生产过程中，人与机器设备、物料环境的和谐，达到安全生产的目标。

"生产必须安全，安全促进生产"反映了安全与生产之间的辩证关系。

生产必须安全，即在生产当中尽一切可能为劳动者创造安全卫生的劳动条件，积极克服生产当中的不安全、不卫生因素，防止伤亡事故、职业性毒害的发生，使劳动者安全顺利地进行劳动生产。

安全促进生产，即安全工作必须紧紧围绕生产工作来进行，在生产过程中，不仅要保障职工的生命安全、身体健康，还要促进生产发展。离开生产工作，安全工作毫无意义。

在船舶舾装生产中，工人处于各种不同的生产环境和工作条件中，使用着各种机器、设备、工具和原料进行生产。由于在某些作业环境中存在着对工人安全健康不利的因素，工人所使用的机器设备和工具不完善，工艺过程、劳动组织和技术操作方法上存在着缺点等，可能引起工人伤亡事故。为了预防这些事故及其他对工人健康有害的影响，消除引起这些事故的原因，必须制订安全规程和制度，对船舶舾装生产活动进行安全管理。

搞好安全生产工作对于巩固社会的安定，为国家的经济建设提供重要的稳定政治环境具有现实的意义；对于保护劳动生产力，均衡发展各部门、各行业的经济劳动力资源具有重要的作用；对于增加社会财富，减少经济损失具有实在的经济意义；对于生产员工的生命安全与健康，家庭的幸福和生活的质量，有直接影响。

第二节　安全生产管理制度

船上安装的各种机械、仪器、装置和设施等常统称为船舶舾装。船舶舾装名目繁多，但按功能可分为机舱设备、航海设备、舵设备、锚设备、系泊与拖曳设备、起货设备、通道与关闭设备、舱室设备、救生设备、消防设备十大类。此外还有船舶特种设备，如横向侧推装置、防摇鳍、滚装跳板等。

船舶舾装工作除了需按要求安装上述各种设备外，还需要用各种材料对船体表面直接进行工程处理，称作船体表面工程。根据工程处理的目的不同，船体表面工程可分为防腐蚀处理、防火绝缘处理和舱室装饰处理三大类。

现代造船将舾装按专业类别不同分为船装、机装（机舱舾装）和电装（电气舾装）三大类。其中船装指除机舱设备和电气以外所有的安装和处理工作。为了便于船装作业的组织和管理，通常将其进一步划分为内舾装、外舾装两大类。

内舾装作业包括绝缘、敷料等的敷设，舱室非钢质围壁、天花板、门、窗、家具、卫生设备等的安装以及厨房、冷库、空调设备的安装等。其作业范围主要是在上层建筑舱室内部，因而称为内舾装，也称住舱舾装，简称内装。

外舾装作业包括舵设备、锚设备、系泊设备、拖曳设备、救生设备、起货设备、舱口盖和滚装设备、消防杂件、自然通风部件以及各种管路的安装。此外，根据不同用途船舶的需要，还可以包括集装箱绑扎装置、运木装置、活动甲板、延伸跳板、防滑天桥和各种特殊装置的安装。因为这些设备分布在上层建筑以外各层甲板上，所以称为外舾装，也叫甲板舾装，简称外装。

舾装作业不仅包括外场（分段或船上）的安装、调整与试验，还应包括内场（车间）的加工与组装。如家具制作、管件弯制、铁舾装件制作、单元组装、电器成套等都由相应的职能车间或工段在内场完成。

因此可以看出，船舶舾装作业劳动环境复杂，作业面大，起吊、电焊、剪切、机械加工、带电作业、易燃易爆等操作岗位安全隐患多，安全生产管理存在一定难度。所以，必须建立健全安全生产管理组织和安全生产管理制度。

首先应从安全管理需要出发，进行安全隐患因素分析，抓安全管理教育和培训，抓安全事故分析和处理，抓安全管理检查整改，确保安全生产措施有效落实，使船舶舾装作业的安全得到保障。

一、安全隐患因素

(1)新员工安全意识不足，预防保护差。新员工入职后虽然接受了安全教育，但安全意识的树立还有一个过程。在生产操作中，主要安全操作规范能够记取，其他安全要求容易疏忽。新员工违反操作规程，会形成极大的安全隐患。

(2)老员工操作熟练后，安全警惕性有所放松。有半年以上操作时间的员工，对设备、对产品、对操作都有了一定了解和掌握，在生产操作中开始从保证安全向追求速度转变，自认为对操作的安全性已全部掌握，安全生产的警惕性有所放松，产生一定的麻痹思想，同样会形成极大的安全隐患。

(3)部分设备设施带病运转。这些隐患问题包括紧固螺栓断裂、钢缆磨损、电路破损、开关失灵等。反映出设备检查维护不够,设备检查维护纪律执行不足,小病没有及时发现并根治。带病运转的设备设施是极大的安全隐患。

(4)生产操作的现场环境不能始终如一地保持5S要求。生产现场5S管理不能持续开展,生产现场杂乱、内部通道被占用、工位器具不定置,船厂内部货车、叉车等物流运输不畅,形成安全隐患。

(5)易燃易爆品的使用管理尚需加强。生产现场各类气瓶、油品等安全管理不足,防易燃易爆意识、措施不强,各类气瓶定置管理、防倒伏控制、防近火源使用等管理不到位,形成安全隐患。

二、安全生产管理制度

(1)领导负责制。领导负责制是指从总经理到部门领导,再到现场员工,一级管理一级,一级对一级负责,各级的第一负责人就是第一安全责任人。从而保证安全生产管理工作的组织落实、人员落实、责任落实。

(2)区域负责制。区域负责制就是在船舶建造过程中,由于多个部门人员在同一场所共同作业而确立的一种以区域来划定的管理制度。如在船台/船坞、码头舾装等不同作业区域,分别建立区域的安全管理条例,确定安全管理事项,任命不同部门的人员分别担任区域总负责人、具体区域负责人和区域安全组长。区域总负责人、具体区域负责人要综合考虑该区域的安全状态,担负责任并进行监督,区域负责制是一个动态的、富有协调性的管理制度,可有效避免不同部门人员之间的相互扯皮和推诿。

(3)巡回检查制度。巡回检查制度是指组织各级的安全巡回检查,巡回检查使各级管理人员能够及时把握安全管理体制运行状况、现场安全作业状态,并及时提出、研讨和实施改革对策,并将在现场巡回发现的问题,及时向作业者提出、指正。

(4)会议制度。建立定期会议制度,研究并解决安全生产工作中的问题,分析并评估安全生产状况,反映并协调安全生产管理中的资源配置和必要的投入。对安全检查中发现的安全隐患及时提出整改措施和要求,布置下一阶段安全重点管理项目及实施要点。规定车间及班组安全员在班前会、小组会、专题会上必讲安全。

(5)安全监督制度。安全监督部门对各部门安全生产情况进行现场监督,跟踪整改情况,评估安全生产管理制度执行效果,对各部门安全工作进行评价考核。

(6)班组安全建设。定期组织班组长培训,建立班组安全管理手册,班组安全标示板等,不断提高安全管理意识和安全理论知识。

(7)安全管理规章。为保证安全管理的执行力度,必须要建立切实可行的安全管理规章制度。

(8)作业标准。作业标准与普通安全操作规程的最大区别,就是作业标准不但能够明确告诉作业者什么能做、什么不能做,而且根据作业类型,告诉作业者第一步怎么做、第二步怎么做。其中,应牢记必须要遵守的是什么、禁止的是什么等。

第三节　加强安全生产管理的措施

要保证安全生产，必须依靠科学的安全生产管理和相应的安全生产管理措施。

一、安全生产管理措施

1. 安全管理教育和培训

对安全生产工作抓反复、反复抓，不仅对新员工进行安全管理教育和培训，而且还应对全员进行。制定相应计划，对职工安全技能、安全意识加强教育培训。

2. 安全事故分析和处理

重视每一起安全事故的处理工作，通过抓安全事故处理，达到制定整改措施、消除安全隐患、教育广大职工、推进安全管理的目的。事故处理做到“五不放过”：事故原因没有查清不放过；事故责任者及其他员工没有受到教育不放过；安全防范措施没有落实不放过；事故责任者没有受到处理不放过；安全整改措施的实施效果没有验证不放过。

3. 抓安全管理检查和整改

(1)开展四种形式的安全检查工作。一是接受上级职能部门组织的专题安全检查；二是船厂组织的现场检查、5S 检查、安全检查；三是各生产单位开展的安全自查；四是针对安全事故开展的专项安全检查。通过安全检查，发现安全隐患，制定整改和预防措施，保障安全生产。

(2)重点抓三方面安全整改工作。一是操作者操作不当造成安全事故的整改；二是工作环境造成的安全事故整改；三是设备事故造成的安全事故整改。

(3)重视安全整改措施实施效果评估。首先是整改措施实施是否完整、全面并达到安全生产效果；其次是整改措施实施是否举一反三，消除其他安全隐患。

二、5S 活动

5S 是整理(Seiri)、整顿(Seiton)、清扫(Seiso)、清洁(Seiketsu)和素养(Shitsuke)这 5 个词的缩写。因为 5 个 S 是上述五个词的日语罗马拼音的词头，所以简称为 5S。开展以整理、整顿、清扫、清洁和素养为内容的活动，称为 5S 活动。

5S 活动起源于日本，并在日本企业中广泛推行，它相当于中国企业开展的文明生产活动。5S 活动的对象是现场的环境，它对生产现场环境全局进行综合考虑，并制订切实可行的计划与措施，从而达到规范化管理。5S 活动的核心和精髓是素养，如果没有职工队伍素质的相应提高，5S 活动就难以开展和坚持下去。

目前，一般船厂船舶舾装生产要处在 5S 环境状态下。

1. 5S 活动的内容

(1)整理。整理是指，把要与不要的人、事、物分开，再将不需要的人、事、物加以处理，这是开始改善生产现场的第一步。效率和安全始于整理。

整理的要点是对生产现场的现实摆放和停滞的各种物品进行分类，区分什么是现场需要的，什么是现场不需要的；其次，对于现场不需要的物品，例如用剩的材料、多余的半成品、切下的料头、切屑、垃圾、废品、多余的工具、报废的设备、工人的个人生活用品等，要坚决清理出生

产现场,这项工作的重点在于坚决把现场不需要的东西清理掉。对于车间里各个工位或设备的前后、通道左右、厂房上下、工具箱内外,以及车间的各个死角,都要彻底搜寻和清理,达到现场无不用之物。

整理的目的是:

①改善和增加作业面积;

②现场无杂物,行道通畅,提高工作效率;

③减少磕碰的机会,保障安全,提高质量;

④消除管理上的混放、混料等差错事故;

⑤有利于减少库存量,节约资金;

⑥改变作风,提高工作情绪。

(2)整顿。整顿是指,把需要的人、事、物加以定量、定位。通过前一步整理后,对生产现场需要留下的物品进行科学合理的布置和摆放,以便用最快的速度取得所需之物,在最有效的规章、制度和最简捷的流程下完成作业。

整顿活动的要点是:

①物品摆放要有固定的地点和区域,以便于寻找,消除因混放而造成的差错;

②物品摆放地点要科学合理。例如,根据物品使用的频率,经常使用的东西应放得近些(如放在作业区内),偶尔使用或不常使用的东西则应放得远些(如集中放在车间某处);

③物品摆放目视化,使定量装载的物品做到过目知数,摆放不同物品的区域采用不同的色彩和标记加以区别。

生产现场物品的合理摆放,有利于提高工作效率和产品质量,保障生产安全。这项工作已发展成一项专门的现场管理方法——定置管理。

(3)清扫。清扫是指,把工作场所打扫干净,设备异常时马上修理,使之恢复正常。

生产现场在生产过程中会产生灰尘、油污、铁屑、垃圾等,从而使现场变脏。脏的现场会使设备精度降低、故障多发,影响产品质量,使发生安全事故的概率增大;脏的现场更会影响人们的工作情绪,使人不愿久留。因此,必须通过清扫活动来清除那些脏物,创建一个明快、舒畅的工作环境。

清扫活动的要点是:

①自己使用的物品,如设备、工具等,要自己清扫,而不要依赖他人,不增加专门的清扫工;

②对设备的清扫,着眼于对设备的维护。清扫设备要同设备的点检结合起来,清扫即点检;清扫设备要同时做设备的润滑工作,清扫也是保养;

③清扫也是为了改善。当清扫地面发现有飞屑和油水泄漏时,要查明原因,并采取措施加以改进。

(4)清洁。整理、整顿、清扫之后要认真维护,使现场保持完美和最佳状态。清洁是对前三项活动的坚持与深入,从而消除发生安全事故的根源,创造一个良好的工作环境,使职工能愉快地工作。

清洁活动的要点是:

①车间环境不仅要整齐,而且要做到清洁卫生,保证工人身体健康,提高工人劳动热情;

②不仅物品要清洁,而且工人本身也要做到清洁,如工作服要清洁,仪表要整洁,及时理

发、刮须、修指甲、洗澡等；

③工人不仅要做到形体上的清洁，而且要做到精神上的"清洁"，待人要讲礼貌、要尊重别人；

④要使环境不受污染，进一步消除浑浊的空气、粉尘、噪声和污染源，消灭职业病。

(5)素养。素养即努力提高人员的素质及修养，养成严格遵守规章制度的习惯和作风，这是5S活动的核心。没有人员素质的提高，各项活动就不能顺利开展，开展了也坚持不了。所以，抓5S活动，要始终着眼于提高人的素养。

2.5S的发展

5S是指在生产现场中对人员、机器、材料、方法等生产要素进行有效的管理，这是日本企业独特的一种管理办法。1955年，日本的5S宣传口号为"安全始于整理，终于整理整顿"，当时只推行了前两个S，其目的仅为了确保作业空间和安全。后因生产和品质控制的需要而又逐步提出了3S，也就是清扫、清洁、修养，从而使应用空间及适用范围进一步拓展。到了1986年，日本的5S理念问世，从而对整个现场管理模式起到了冲击的作用，并由此掀起了5S的热潮。

根据企业进一步发展的需要，有的企业在5S的基础上增加了安全(Safety)、服务(Service)、规范(Saho)、节约(Save)、习惯化(Shiukanka)、坚持(shitukoku)等，形成了6S、7S甚至推行到12S，但这些都是从5S里衍生出来的。

在造船行业中提倡6S的企业，大多指的是规范(Saho)。规范也称做法，掌握作业规则并正确的作业。

船舶舾装作业涉及的工种多、工序多、品种多、工程庞杂、协作面广、综合性强、工作量大、周期长、复杂而危险等，如果每一个员工都能按预定的最佳操作规程去作业，则会大大地降低危险性，提高工作效率。船舶舾装作业光有认真是远远不够的，必须讲究做法，只有掌握了正确的方法，才可以保证产品的质量、周期以及安全。

所以规范活动的目的是为了培养能够正确作业，掌握规范操作的人才，要使员工养成诚实作业的习惯，不偷工减料、不惊慌失措，这样才能保证安全、保证产品质量。

一般规范确立的原则是，制订各种规范或约束时要考虑对公司的整体管理有帮助，形式要尽可能的简洁，易于被员工接受、执行。

规范实施的方法，一是共同遵守已确定的规范，特别是管理人员要以身作则，形成一定的氛围；二是规范的目视化，即一看就能了解，让员工一目了然；三是规范的教育培训，要求员工规范作业，首先要对员工进行作业培训，要让他们了解规范、掌握规范，继而才能执行规范；四是不符合的行为及时给予纠正。

船舶舾装作业也一样，每个相关作业者均须熟悉作业基准等规范，要让每一个作业者都掌握正确的做法，另外要杜绝不按规范作业的习惯。例如，有些工人认为"我以前都是这么做的，也没有发生什么事"，或者认为按规范做太麻烦，没人看见时就不做了，造成规范虽然学了，作业时却按老习惯进行，因而达不到制订规范的目的。

3.5S与其他管理活动的关系

5S应用于制造业、服务业等，以改善现场环境的质量和员工的思维方法，使企业能有效地迈向全面质量管理，主要是针对制造业在生产现场，对材料、设备、人员等生产要素开展相应的

活动。5S 对于塑造企业的形象、降低成本、准时交货、安全生产、高度的标准化、创造令人心旷神怡的工作场所、现场改善等方面发挥了巨大作用。

(1)5S 是现场管理的基础,是 TPM(全员参与的生产保全)的前提,是 TQM(全面质量管理)的第一步,也是 ISO 9000 有效推行的保证。

(2)5S 能够营造一种“人人积极参与,事事遵守标准”的良好氛围。有了这种氛围,推行 ISO、TQM 及 TPM 就更容易获得员工的支持和配合,有利于调动员工的积极性,形成强大的推动力。

(3)实施 ISO、TQM、TPM 等活动的效果是隐蔽的、长期性的,一时难以看到显著的效果,而 5S 活动的效果是立竿见影。如果在推行 ISO、TQM、TPM 等活动的过程中导入 5S,可以通过在短期内获得显著效果来增强企业员工的信心。

(4)5S 是现场管理的基础,5S 水平的高低,代表着管理者对现场管理认识的高低,这又决定了现场管理水平的高低,而现场管理水平的高低,制约着 ISO、TPM、TQM 活动的推行。通过 5S 活动,从现场管理着手改进企业“体质”,则能起到事半功倍的效果。

4.5S 与 ISO 9001 质量标准的贯彻

贯彻 ISO 9001 质量标准是制造企业参与市场竞争的有力武器。ISO 9001 注重企业的内部质量管理,而 5S 注重企业的外部环境管理,将 5S 作为实施 ISO 9001 的辅助方法,可以对 ISO 9001 的贯彻以及产品质量的提高起到很好的促进作用。这是一种很值得推广的方式,可以采取以下步骤进行:

(1)确定管理组织。任何一项需要广泛开展的工作,都要有专人负责组织开展。实施 ISO 9001 的企业一般都有一个类似于 ISO 9001 领导小组的机构,给该机构赋予推行 5S 的职能比较恰当。

(2)制订激励措施。实施 ISO 9001 的企业往往会有相应的激励措施出台,可以在制订该措施时纳入有关 5S 的激励内容。

(3)制订适合企业的 5S 指导性文件。有了明确的书面文件,员工才知道哪些可以做,那些不可以做,推行 5S 需要编制相应的文件,这些文件可列入 ISO 9001 质量体系文件的第三层文件范畴中。

(4)培训、宣传。培训的对象是全体员工,主要内容是 5S 的基本知识以及该企业的 5S 指导性文件,本阶段可与实施 ISO 9001 的文案阶段结合起来进行。

(5)全面执行 5S。每位员工的不良习惯能否得到改变,能否在企业中建立一个良好的 5S 工作风气,将在这个阶段得以体现,本阶段可与 ISO 9001 质量体系运行阶段结合起来进行。

(6)监督检查。这个阶段的目的是通过不断监督,使该企业的 5S 执行文件在每位员工心中打下深刻的烙印,并最终形成个人做事的习惯,本阶段可以与 ISO 9001 质量体系中的内部质量审核活动结合起来进行。

第四节　设 备 管 理

船舶舾装生产作业需要各种运输设备和起吊设备,除此之外,还需要各种电焊机、切割机、车床等。总之,船舶舾装生产离不开各种设备。如何延长设备寿命,增加设备完好率,充分提高设备的利用效率，增加设备的利用价值，同时把设备的维护成本降到最低水平，对船舶舾装生产具有重大的意义。

一、设备管理的目的与作用

设备管理就是以设备为研究对象，把设备这个系统的人力、物力、财力、信息和资源等，通过计划、组织、指挥、协调和控制的管理功能有效地发挥出来，以达到设备寿命周期费用最经济、综合效率最高的目标。

设备管理的目的是为了充分利用设备，提高企业效益，同时保障设备使用者的生命安全。

设备在企业中的地位和作用，一方面是由设备本身决定的，另一方面又是由设备管理决定的。如果没有科学的管理，再好的设备也不会发挥作用。因此设备管理对于充分发挥设备作用、保证生产正常进行、提高经济效益都具有重要的作用。

1.设备管理是现代化企业内部管理的重点

企业内部管理是指企业为了完成既定生产经营目标而在企业内部开展的一切管理活动，它包括企业的计划管理、质量管理、设备管理、财务管理、班组管理、现场管理等。在各项基础管理工作中，任何一项管理对于提高企业的综合素质都是非常重要的。设备管理就是企业内部管理的重点之一。

2.设备管理是设备正常运行及企业安全生产的重要保证

在企业的生产经营活动中，设备管理的主要任务是为企业提供优良而又经济的技术装备，使企业的生产经营活动建立在最佳的物质技术基础之上，保证生产经营顺利进行，以确保企业提高产品质量、提高生产效率、降低生产成本、进行安全文明生产，从而使企业获得最高经济效益。

3.设备管理是提高维修质量的重要保证

设备管理水平的高低，直接影响着设备维修时间和维修质量，积极采用现代化的设备管理方法和手段，在保证检修质量的前提下，努力缩短检修时间，对提高设备可开动率，增加企业的经济效益具有重要作用。

4.设备管理是企业提高经济效益的基础

企业进行生产经营的目的就是获取最大的经济效益，企业的一切生产经营管理活动也是紧紧围绕着提高经济效益这个中心进行的，设备管理是提高经济效益的基础。

随着市场经济体制的建立，根据市场经济发展规律，企业发展追求的目的就是生产力极大发展、企业利润最大化。随之而来的企业的各种管理，特别是设备管理，也要围绕这个目的展开工作，不断改革设备管理体制，以适应生产力和企业发展的需要。

现代造船设备管理体制，要进行全面规范化生产维护，着重于生产现场的设备管理，是以提高设备综合效率为目标，以全系统的预防维修体制为载体，以员工的行为规范化为过程，全过程全体人员参与为基础，形成全员的生产设备保养、维修的体制。强调规范，通过规范和全员参与，改变员工的行为习惯和思想意识，改变长期以来用者不管设备维护，修者不知设备状况的矛盾，达到全员都来参与设备的管理和维护的目的。

二、设备管理的方法与要求

传统的设备管理和维修体系，需要大量精通设备的专业技术人员对设备进行保驾护航，这

种管理模式常常顾此失彼,造成设备管理和生产管理的不协调。而现代造船设备管理要求全体员工都要来参与设备的管理和维护,由精通设备的专业技术和管理人员,把大量设备管理的工作制订成各项设备管理制度和设备点检保养计划,教育和培训设备操作者和使用者熟练掌握设备的点检方法,熟悉设备的维护规程,承担大量日常或定期的规范的设备维护工作,做到谁用设备谁维护,放手让生产基层单位自主管理设备,把设备管理活动与生产计划同时安排,使设备管理与生产管理实现高度的统一。

全员设备管理要求,谁使用谁维护,因此员工不但要熟悉设备、了解设备、正确使用设备,还要对所使用的设备进行日常的维护和点检工作。

1. 建立设备点检制度

点检制度就是实行设施设备和工装夹具的预防性检查,即在作业前和定期对设施设备、工装夹具进行点检,保障设施设备、工装夹具的安全可靠,防止由于设备状态不安全性而造成人员伤害。点检的目的是确保设备的安全性和完好性,要充分认识点检工作的重要性,把点检工作列入年度的设备管理计划中去,作为全员设备管理的一项重要内容。

(1)要确定设备点检的责任人。必须安排经过培训、精通设备构造性能、掌握使用方法和熟悉设备状况的人员进行点检,确保设备检查准确无误。

(2)明确点检内容和点检方法。要设计和制定规范的点检表,明确点检的必要事项,方便设备点检工作。正确的点检方法不但能够准确判断设备的状态,而且还可以保证点检人员和其他作业者的安全。

(3)设定点检周期。不同的设备,或相同设备使用时间和使用次数不同,其腐蚀和磨损程度也不同。因此,必须根据点检的对象不同,制订不同的点检周期。如每天使用前检查设备是否正常,叫做日常点检;一个月检查一次,叫做月度点检;设备一年一次的大检查,叫做年度点检。对于特殊设备,可以设定特殊的点检周期,有法定检验的设备必须遵循法定点检周期。特殊情况下,也应对设备安排特殊点检。

2. 设备使用前的管理工作

设备使用前的管理工作包括设备原理、结构、操作方法、安全注意事项、维护知识等。经考核合格后,相关人员方可持证上岗。

(1)制定安全操作规程。

(2)制定设备维护责任制。

(3)安装安全防护装置。

(4)员工培训。

3. 设备使用中的管理工作

(1)严格执行《设备安全管理制度》,由分管领导和设备管理人员负责检查落实。

(2)设备操作人员需每天对自己所使用的设备做好日常保养工作,生产过程中设备发生故障应及时给予排除。

(3)为了便于操作人员日常维护,由设备管理人员、工程技术人员共同确定设备安全技术要求,由部门负责人和设备管理人员负责检查实施。

(4)预检预修是确保设备正常运转,避免发生事故的有效措施。设备管理人员根据设备零件的使用寿命,预先制定出安全检修周期和检修内容,落实专人负责实施。将设备故障消灭

在萌芽状态,确保设备在本质上的安全性。

4. 设备维护制度

(1)设备运行与维护坚持“设备专人负责,共同管理”的原则精心养护,保证设备安全,负责人调离,立即配备新人。

(2)操作人员要做好以下工作:

①自觉爱护设备,严格遵守操作规程,不得违章操作;

②管线、阀门不渗不漏;

③做好设备经常性的润滑、紧固、防腐等工作;

④设备要定期更换,强制保养,保持技术状况良好;

⑤建立设备保养卡片,做好设备的运行、维护、养护记录;

⑥保持设备清洁,场所窗明地净,环境卫生好;

⑦做好设备的消防安全工作。

5. 严格执行设备管理过程中的记录制度

建立设备技术管理档案,记载设备寿命周期全过程的状态。按照设备选购,设备维护、检修、更新改造、报废处理等程序运行。每个环节的责任人都要填写规定的管理表格或图表,负责人和主管领导签名确认,建档保存。

第五节　人员管理

船舶舾装生产作业覆盖面广,工种多、品种多,涉及的人员复杂。例如,在材料上,船舶舾装不仅使用钢材,还使用铝、铜等有色金属及其合金,使用木材、工程塑料、水泥、陶瓷、橡胶和玻璃等多种非金属材料;在工种上,船舶舾装作业涉及装配工、焊工、木工、铜工、钳工、电工等多达十多个工种。所以人员管理既是船舶舾装生产管理的重点工作之一,也是安全管理的重中之重。

一、遵守岗位作业方法

众所周知,企业规章制度中有关安全生产的条文,是用鲜血和生命换来的教训,它反映了生产过程中的客观规律,谁也不能违反,否则,就要受到客观规律的惩罚。然而在实际生产现场,员工的违章现象却屡禁不止。大量事实证明,违章不但制约了企业的生产,而且还危害员工的生命安全。事故统计表明,70%的事故是由于违章指挥或违章作业造成的,因此,遵守岗位作业方法是企业预防事故发生的重要手段。

1. 企业员工违章操作行为的主要表现

(1)主观心理因素。

①自我表现好胜心态。个别员工认为自己技术比较高,喜欢表现一下自己的能力。

②麻痹侥幸心理。个别员工认为偶尔违章不会产生什么后果,或者认为别人也这样做也没有出事,因此,会麻痹大意、无视警告,不按有关的操作规程作业。

③马虎敷衍、固执。有的员工工作不经心,我行我素,将岗位安全责任制、岗位操作规程扔在脑后,把领导的忠告和同事的提醒当做耳旁风,一意孤行。

④懒惰蛮干，贪图方便。有的员工工作时不愿多出力，要小聪明，总想走捷径，操作时投机取巧，图一时方便，结果造成违章作业。

⑤玩世不恭，逆反心理。由于各种原因，少数员工产生逆反心理，“领导在时我注意，领导不在时我随意”，甚至产生对抗行为。

(2)客观因素影响。

①安全意识差。不少员工认为安全工作是安全员的事，与自己无关，漠视安全。这种人安全意识淡薄，自我保护意识差，而且不愿参与各种安全活动。

②安全责任心不强，工作不负责任。有些员工接受过安全教育和培训，对自己的工作对象、设备、性能、状况及操作规程都比较熟悉，但在实际工作中，却缺乏对企业财产、对他人生命负责的态度，往往明知故犯，违章作业。

③缺乏安全教育意识。多年来，企业一直把抓好员工的安全教育作为基础工作来抓，开展入厂三级（厂、车间、班组）安全教育、特种作业人员培训、HSE 培训等。总的来说，活动开展了，但实际收效并不理想。

④安全监督不够。对一些习惯性违章现象熟视无睹，有一些安全员遇事总觉得与违章者比较熟，不好意思管，对一些严重违章现象存在漏查或查处力度不够的情况。特别是在生产任务重、时间紧的情况下，一味强调按时完成任务，从而使部分员工滋生了忽视安全作业的习惯和心态。

2. 事故发生的主要原因

发生事故的原因是多方面的，除自然灾害外，主要有以下几方面原因：

(1)设计上的不足。厂址选择不好，平面布置不合理，安全距离不符合要求，生产工艺不成熟，从而给生产带来难以克服的先天性的隐患。

(2)设备上的缺陷。设备上考虑不周，材质选择不当，制造安装质量低劣，缺乏维护及更新等。

(3)操作上的错误。违反操作规程，错误操作，不遵守安全规章制度等。

(4)管理上的漏洞。规章制度不健全，人事管理不足，工人缺乏培训教育，作业环境不良，领导指挥不当等。

(5)不遵守劳动纪律。对工作不负责任，缺乏主人翁责任感等。

3. 应该采取的对策方法

(1)发挥教育的职能，不断强化员工的安全意识，提高员工的自我保护能力。

①思想教育。使广大员工认清自己在安全生产中不单纯是安全管理的对象，更重要的是安全生产的主人，从而提高员工搞好安全生产的自觉性、责任感和积极性。

②爱岗敬业教育。教育员工要在工作中热爱自己的岗位，保持心情舒畅，遵守自己岗位的作业方法。

③安全技能教育。通过安全技术培训，提高员工劳动技能，克服蛮干和习惯违章作业的不良习惯。使员工熟练掌握一般安全知识和专业安全技术。

④HSE 教育。要积极推行 HSE 管理体系（HSE 是健康（Health）、安全（Safety）和环境（Environment）三位一体的管理体系），认真履行体系中的各项规定，不断提高员工的健康水平、安全生产的保障水平、企业环境保护水平。只有这样才能使企业真正实现无伤害、无事故、无污

染、无损失的目标,才能从根本上保证员工的人身安全,杜绝违章。

(2)实行通过考核和竞争,使安全管理的"责、权、利"相统一。

①把安全管理工作纳入到日常管理工作当中,并通过经济杠杆作用将其量化,将安全生产与员工的切身利益挂钩,从而调动广大员工的安全生产积极性。

②实行安全一票否决制度,使安全与每个人或每个集体的荣誉、利益紧紧相连,促进全员安全意识的提高。

(3)靠安全管理机制增强防范能力。

①制订明确的安全管理制度、工作规划、目标实施和激励办法,奖罚分明。对及时发现重大隐患、排除事故或事故处理有功的人员,给予表彰和重奖,对违章行为要严肃处理。

②针对不同季节的生产特点和员工队伍状况,组织开展安全周、安全月、百日安全无事故竞赛、安全知识竞赛、消防演习、重点部位事故演习、每人查找身边一些隐患、我为安全生产献一计、青年安全监督岗等活动,增强员工的安全意识,提高员工的安全技能。

二、安全预防培训

发生事故的原因有很多,但是其中最重要的一条是员工缺乏事故预防知识,所以要对其进行安全预防培训。安全预防培训主要包括防机械伤害、防触电、防起重伤害、防车辆运输伤害、放火、防爆、防中毒窒息等方面内容。

1.人的过失预防

(1)提高认识。提高人的思想认识,加强主人翁的责任感。责任感加强了,就能自觉克服不良习惯,工作时就会高标准严要求,集中精神把工作做好,失误便会大大减少。另外,人发生失误事先是意识不到的,因此一起工作的同事应互相提醒、互相督促,及时纠正不安全行为。

(2)消除物的不安全状态。这里主要指机械设备制造、安装质量低劣,日常检修维护质量不高,造成的设备隐患。这个问题看起来是设备问题,而实际上是由于制造安装部门和维修系统的具体工作人员的过失造成的。例如,焊接质量不好、仪表调试不当、电气设备接触不良、机泵振动、材料配件选用不当等。一旦发生事故,表面看是生产上的问题,而实际是上道工序遗留的隐患。对此必须加强制造和施工中的质量管理及检查验收工作,把问题消灭在设备投产之前。

(3)执行操作复查制度。事故主要是由于人的过失造成的,关键部位的操作,可实行复查制度,从而有效地防止或减少操作失误,保证安全生产。例如,阀门操作复查制度,即一人开关阀门后,再由另一人复查一次,其安全系数就增加一倍。

(4)借助科学的手段来弥补人的不足。例如,重要设备或工艺过程,应有程序控制和自保系统,在异常情况下,要有紧急停车和放空泄压的安全连锁装置;为防止可燃性气体泄漏发生爆炸着火和有毒气体泄漏造成中毒事故,应安装固定检测报警装置,或配备便携式检测仪器;为防止机械过载或超程,要采用限位开关及声光报警信号;为防止转动设备造成人身伤害,应安装防护罩或自动停车装置;为防止触电事故,应安装触电保护器和做好设备的接地措施。

2.机械事故的预防

机械伤害事故的发生很普遍,在使用机械设备的场所几乎都能遇到。各种不同机械造成的伤害形式往往是不同的,其安全要求和事故预防措施也不尽相同。要避免工伤事故,不仅要

求机械设备要符合安全要求,更要求操作者严格遵守安全操作规程。

(1)正确穿戴好个人防护用品。

(2)操作前要对机械设备进行安全检查,先空车运转,确认正常后,再投入运行。

(3)机械设备在运行中要按规定进行安全检查。

(4)机械设备严禁带故障运行。

(5)机械设备的安全装置必须按规定使用,严禁将其拆除。

(6)机械设备在运转时,严禁用手调整;不得用手测量零部件,或进行润滑、清扫杂物等。

(7)机械设备运转时,操作者不得离开工作岗位。

(8)工作结束后,应关闭开关,把刀具和工件从工作位置退出,并清理好工作场地,将零件、工夹具等摆放整齐,打扫好机械设备的卫生。

3.触电事故的预防

由于船舶舾装作业环境差异很大,有些作业地点用电环境条件差,容易发生触电事故,所以要求操作者严格遵守安全操作规程。

(1)电气操作属特种作业,操作人员必须经培训合格,持证上岗。

(2)车间内的电气设备,不得随便乱动。如果电气设备出了故障,应请电工修理,不得擅自修理,更不得带故障运行。

(3)经常接触和使用的配电箱、配电板、闸刀开关、按钮开关、插座、插销以及导线等,必须保持完好、安全,不得有破损或将带电部分裸露出来。

(4)在操作闸刀开关、磁力开关时,必须将盖盖好。

(5)电器设备的外壳,应按有关安全规程进行防护性接地或接零。

(6)使用手电钻、电砂轮等手用电动工具,必须安设漏电保护器,同时工具的金属外壳应防护接地或接零;若使用单相手动电动工具时,其导线、插销、插座应符合单相三眼的要求,使用三相的手动电动工具,其导线、插销、插座应符合三相四眼的要求;操作时,应戴好绝缘手套和站在绝缘板上;不得将工件等重物压在导线上,以防止轧断导线发生触电。

(7)移动某些非固定安装的电气设备时,例如,照明灯、电焊机等,必须先切断电源。

(8)发生电气火灾时,应立即切断电源,用黄沙、二氧化碳、四氯化碳等灭火器材灭火。切不可用水或泡沫灭火器灭火。

(9)打扫卫生、擦拭设备时,严禁用水冲洗或用湿布去擦拭电气设备,以防发生短路和触电事故。

4.起重、运输伤害事故的预防

舾装作业离不开起重机械与运输车辆,若使用不当很容易造成伤害事故,所以我们应高度重视起重、运输伤害事故的预防。

(1)起重作业人员、车辆驾驶人员需经有资格的培训单位培训并考试合格,才能持证上岗。

(2)严格检验和修理起重机机件,如钢丝绳、链条、吊钩、钩环等,报废的立即更换。

(3)建立健全维护保养、定期检验、交接班制度和安全操作规程。

(4)起重机运行时,禁止任何人上下;也不能在运行中检修;上下吊车要走专用梯子;吊物上不准站人;不能对吊挂的东西进行加工;起吊的东西不能在空中长时间停留,特殊情况下应采取安全保护措施。

(5)起重机驾驶人员接班时,应对制动器、吊钩、钢丝绳和安全装置进行检查,发现性能不正常时,应在操作前将故障排除;开车前必须先打铃或报警,操作中接近人时,也应给予持续铃声或报警;按指挥信号操作,不论任何人发出紧急停车信号,驾驶人员都应立即执行。

(6)确认起重机上无人时,才能闭合主电源进行操作。

(7)工作中突然断电时,应将所有控制器手柄扳回零位;重新工作前,应检查起重机是否工作正常。在轨道上露天作业的起重机,当工作结束时,应将起重机锚定住。

(8)装载货物的车辆,随车人员应坐在指定的安全地点,不得站在车门踏板上,也不得坐在车厢侧板上或坐在驾驶室顶上。装卸货物,不得超载、超高。

5. 火灾、爆炸事故预防

防火、防爆工作是企业安全生产的一项重要内容,一旦发生火灾、爆炸事故,往往造成巨大的财物损失或人员伤亡。

(1)易燃易爆场所,如油库、气瓶站、煤气站和锅炉房等工厂要害部位严禁烟火,工人不得随便进入。

(2)火灾爆炸危险较大的厂房内,应尽量避免明火及焊割作业,最好将检修的设备或管段拆卸到安全地点检修。当必须在原地检修时,必须按照动火的有关规定进行,必要时还需要请消防队进行现场监护。

(3)应掌握各种灭火器材的使用方法。

(4)采取监测措施,当发现空气中的可燃气体、蒸汽或粉尘浓度达到危险值时,应采取适当的安全防护措施。

(5)在有火灾、爆炸危险的车间内,应尽量避免焊接作业,进行焊接作业的地点必须要和易燃易爆的生产设备保持一定的安全距离。

(6)如需对生产、盛装易燃物料的设备和管道进行动火作业时,应严格执行隔绝、置换、清洗、动火分析等有关规定,确保动火作业的安全。

(7)搬运盛有可燃气体或易燃液体的容器、气瓶时,要轻拿轻放,严禁抛掷,防止相互撞击。

(8)对于物质本身具有自燃能力的油脂、遇空气能自燃的物质以及遇水能燃烧爆炸的物质,应采取隔绝空气、防水、防潮或采取通风、散热、降温等措施,以防止物质自燃和爆炸。

(9)锅炉、压力容器须在安全阀、压力表、液位计等安全装置保持完好的情况下才能使用,严禁超温超压运行。

6. 防高空坠落事故

(1)从事3m以上高空作业时,必须穿戴好安全帽、安全带、防滑鞋才能工作,安全带应定期检查。

(2)登高作业前,必须仔细检查梯、凳、架等用具是否牢固可靠和摆放稳当,同时还要有专人扶持。

(3)在陡滑屋面和施工中的四口(楼梯口、电梯口、预留口、通道口),要有防滑装置或加盖板。

三、危险经历报告

船厂应该建立危险经历报告制度，并对危险经历报告人员实行奖励制度。员工应该逐级上报危险经历，并通过班组长、科长直至安全部门的分析，落实事故防范措施，以此减少危险经历的发生次数，减少安全隐患。

SIKAO YU LIANXI

一、填空题

1. 安全促进生产就是说，安全工作必须紧紧围绕(　　　　　)来进行，不仅要保障职工的生命安全、身体健康，还要促进(　　　　　)发展。离开(　　　　　)，安全工作毫无意义。

2. 设备在企业中的地位和作用，一方面是由设备本身决定的，另一方面又是由(　　　　)决定的。

3. 现代造船设备管理要求(　　　　　)都要来参与设备的(　　　　)和(　　　　)。

4. 在造船行业提倡6S的企业，大多6S指的是(　　　　　)。(　　　　　)也称做法，掌握作业规则并正确的作业。

5. 整顿就是把需要的人、事、物加以(　　　　　)、(　　　　　)。

二、名词解释

1. 安全生产管理。
2. 5S活动。
3. 设备管理。
4. HSE管理体系。
5. 现代造船设备管理体制

三、简答题

1. 安全生产管理的意义是什么？
2. 安全生产管理制度的内容有哪些？
3. 安全检查工作有哪四种形式？
4. 整理的目的是什么？
5. 设备管理的目的与作用是什么？

第五章　托 盘 管 理

● **学习目标**

知识目标

1. 了解托盘管理的基本内容；
2. 了解托盘划分的基本方法；
3. 了解托盘管理表编制的基本方法。

能力目标

1. 掌握托盘的划分；
2. 掌握托盘管理表的实施。

第一节　托 盘 管 理

船体建造仅给船舶提供了一个漂浮的壳体，要使船舶完成预期的使命，还必须安装各种设备、仪器、装置和设施，并进行各种调试与试验等。船舶舾装以船体建造为基础，为了适应船体建造方法，船舶舾装除了有正确的工作方式和合理的组织形式之外，还应有完善的管理措施。托盘管理是船舶舾装的一种科学管理方法。

一、托盘的含义

现代造船将船舶舾装按船上大区域和作业内容分为甲板舾装、住舱舾装、机舱舾装和电气舾装等几大区域，每一大区域又可分为若干小区域，每一个小区域就是一个托盘范围。所谓托盘，就是把这一区域所需舾装件的加工制作、安装要求、材料、计划、工时等信息集中起来，以保证实施区域舾装的一种方法。实际上，托盘是一种移动式的平台，各种器材可以放在托盘内储存和运送，它使设计、器材供应和施工三方面的信息一体化，使各类人员对如何施工能有一个共同的认识。

现在托盘已成为一种实用的术语，用来表达为完成区域/类型/阶段划分的工作单元所需要的全部信息和资源。托盘既是一个作业单位，表示舾装施工的范围、方法与要求，又是一个供安装用的器材集配单位，提供该区域舾装件制作的原材料清单及集中存放加工制作完成的该区域内的舾装件。托盘是由图面造船转换为实物造船不可缺少的中间环节。

总之，托盘是船舶舾装工程分解的最小作业单位，是按区域/类型/阶段分类的任务包，又是一个供安装用的器材集配单位。

二、托盘管理内容

造船是一种综合性工程，其中舾装作业的管理最为繁杂。因此，将整艘船分解成几个区域，根据常规的系统图，按区域绘制出综合布置图和安装图，并把外购的材料或成品按生产工

序所要求的时间和所属的区域放在对应的托盘上，并在计划规定的时间内将托盘送往指定的区域和地点进行预舾装和单元组装，托盘管理就是由此而来的。

托盘管理是以托盘为单位进行生产设计、组织生产、物资配套以及工程进度安排的生产管理方法。托盘管理主要由托盘划分、托盘集配和托盘发送三部分内容组成。

1. 托盘划分

托盘划分分为两步。首先，在详细设计阶段，结合船体分段划分和船体总装计划，按工艺阶段和舾装区域，初步制定托盘划分方案。这一工作可以借鉴类似船舶的托盘划分方案。其次，在生产设计阶段，以区域综合布置图为基础，根据托盘划分初步方案，按作业顺序及工作量，最终确定托盘划分，编制托盘清单和各种托盘管理表。

在划分托盘时，还要区分托盘对象品和非托盘对象品。非托盘对象品是一些不宜列入托盘的物品，如过大过重的物品、易损的物品、过小的物品等。

2. 托盘集配

托盘集配包括托盘器材的准备和集中两个阶段。器材准备是根据详细设计编制的系统材料表对舾装件进行分类，区分各种舾装件的采办途径，即订购、外协或自制。器材集中就是舾装件入库后，根据托盘交付期计划日程要求，按生产设计编制的托盘材料表将所有舾装件集中装入托盘。

3. 托盘发送

托盘发送就是根据托盘交付期计划日程的安排，适时地将区域舾装所需的舾装托盘整套材料运至生产现场，交给施工人员，完成托盘管理。

舾装工作中，托盘器材与非托盘器材的流向如图 5-1 所示。图中的配套清册包括非托盘器材和托盘器材。配套人员通常在托盘开工前四天接到出库指示，前三天联系运输工具，前两天装好托盘，最后在施工前一天将托盘送到现场。同时，非托盘器材也送到现场，以便安装。

三、托盘管理职能部门

托盘管理作为一个系统工程，必然要涉及船厂内各个部门及众多的舾装件配套厂。对船厂内部来说，主要涉及的单位是生产管理部门、设计部门、集配中心。

1. 生产管理部门

生产管理部门在编制建造方针和施工要领时，要确定每条新建船舶的区域划分、托盘划分、单元划分及船体分段划分和总组的范围、方法等。

(1)建造方针。建造方针是新建船舶的综合性指导文件，它涉及船舶建造工艺、设计、计划、成本、质量、施工等方方面面的内容，主要由合同既要、船舶主要技术参数和物量、基本方针、部门方针、分段划分图及明细表、吊装网络图、区域划分图等组成。其中，与托盘管理相关的内容主要有：

①托盘管理范围。建造方针要根据本船的建造特点，本厂托盘管理的现状及发展要求，对托盘管理范围作出明确的规定，要在总体上对托盘管理的实施作出部署。

②分段划分图。从壳舾涂一体化造船或模块造船的角度要求来看，现代船舶建造必须遵循以船体为基础、舾装为中心、涂装为重点的指导思想，也就是说，制定船舶的建造方案必须将舾装放在第一位，要从全局的观点出发，要求船体的建造工艺尽可能地去满足舾装的建造工

艺。由于分段的划分、总段的组合，对舾装工作的进行、托盘管理的实施有极大的影响，所以分段的划分、总段的组合，必须由船体与舾装双方协商决定，这样托盘管理才能决定托盘的大小、数量、内容、形式等。

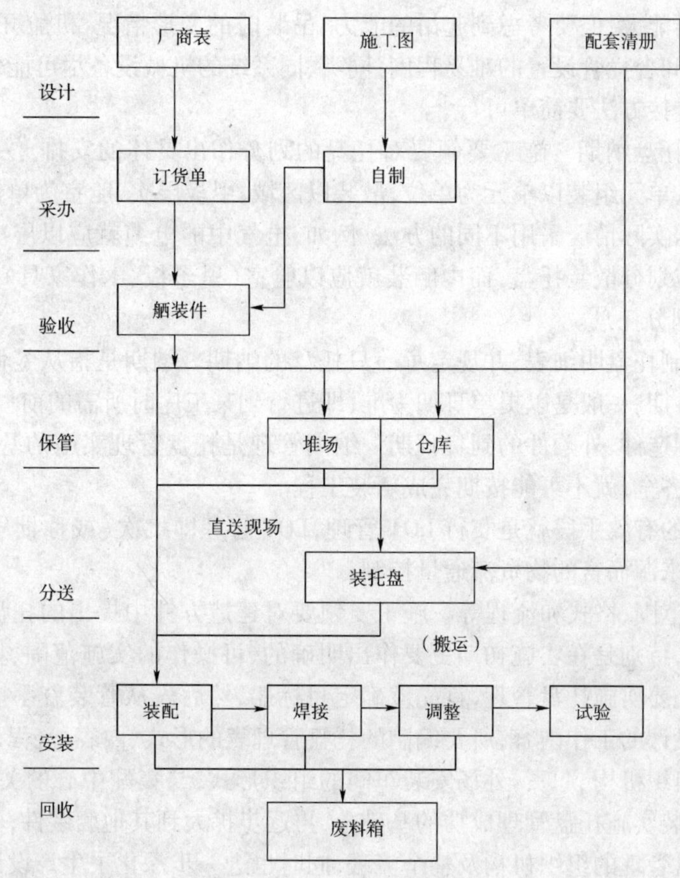

图 5-1　舾装工作中器材的流向

③区域划分图。区域划分图就是舾装区域的划分，区域划分直接关系到以后托盘的划分，因而与托盘管理有直接的关系。

(2)施工要领。施工要领在建造方针的基础上进行编制，它们有船体施工要领、舾装施工要领和涂装施工要领。

①船体施工要领与托盘管理。船体施工要领的主要内容是分段制造方法，对全船每只分段的建造方式、胎架形式、施工程序、质量控制、施工注意事项作出详细具体的描述。其中，建造方式、施工程序和托盘管理中的托盘名称及托盘的舾装阶段有关。例如，建造方式中有正造、反造、侧造等，一般正造时即为正转舾装托盘、反造时为反转舾装托盘；又如，某船艏总段的建造程序为：艏楼甲板铺板—构架装焊—中纵舱壁安装—主甲板结构安装焊接—外板安装焊接—锚链筒锚唇安装焊接—管系及铁舾装件预舾装—涂装—反身艏舷墙装焊—正转舾装—涂装后上船台，根据以上的船体施工程序，此总段施工过程中就要编制两只舾装托盘，反转分段预装托盘和总段正转舾装托盘。由此可见，船体施工要领也与托盘管理有直接的关系。

②舾装施工要领与托盘管理。舾装施工要领与托盘管理直接相关的内容有：

a. 单元划分图。根据建造方针所定的原则，主要以机舱布置图为基础，确定机舱各层平台上方及其他区域内单元划分的范围和数量，供生产设计时参考，最后以生产设计规定的单元为准编制相应的单元组装托盘管理表。单元划分的原则是：能进行单元组装的就不要到船上散装；单元的尺度尽可能大，但要考虑到起吊的能力、吊装时的变形情况、机舱开口的大小、工艺阶段划分的各单元间合拢管设置的难易程度；同类、同系统的机械设备尽可能包含在一个单元内；与船体结构的连接方法要简单可行。

b. 托盘划分与托盘纳期。施工要领要对托盘的划分作出具体的安排。一般原则为分段预装以分段为单位，单元组装以单元为单位，散装以区域、甲板层次、舱室为单位。对于不同的舾装件划分，应根据实际情况采用不同的方法，例如，电气中的电缆就应以层次为单位划分托盘，管系就应以区域划分散装托盘，而内舾装就应以舱室（里子板、木作家具）或甲板层次（焊接铁舾件）为单位划分托盘。

施工要领要编制托盘明细表，并规定每一只托盘的纳期。纳期是指从签订合同到交货的时间，即结束完成日期，一般是以提单日期为准，即进行到某工序时所需的前一工序的中间体、内业自制件、外协制造件、外购件的到货日期。纳期管理是托盘管理实施的基础，如果托盘集配不及时或物件不齐全，就不可能按期完成舾装工程。

解决纳期管理的有效手段就是实行 LOT 管理，LOT 管理即批次（或称批号）管理，它是指对于托盘集配对象来源而言的物资流通量控制。

c. 托盘管理的范围、格式和流程等。施工要领要对建造方针中提出的托盘管理的范围进一步细化和具体化，特别是在实施初期更要作出明确的、可操作的实施范围、步骤、注意事项、外围条件等。例如，要实施托盘管理，首先应确定目标船，然后先从管装着手推广应用托盘管理，规定管系生产设计的工作内容，所要编制的托盘管理表的形式、内容、流程，内场加工形式、流程，集配中心的组织机构、职责，外场安装车间的组织形式、与集配中心的关系、安装阶段划分方法等。在管舾装实施托盘管理成功的基础上，再逐步扩大到其他舾装件，不断提高托盘管理的水平，完善托盘管理的组织机构及整个流程，同时也进一步深化了生产设计。

2. 设计部门

设计部门根据由厂领导批准的建造方针进行生产设计，主要是编制采购、生产、管理所需要的托盘管理表和各种施工用图。

3. 集配中心

集配中心要负责整个舾装件的计划管理、内外场安装工作的协调、舾装件的集配及托盘的收发工作。

生产设计部门已经按托盘管理的要求，编制了托盘管理表。但在实际施工中要以中间产品（对舾装来说就是托盘）为导向，按区域组织生产，就必须建立按托盘表进行舾装件集配的集配中心。集配中心除了集配舾装件外，还要制定舾装件生产、制造、集配的计划，负责托盘运送到现场、回收托盘等工作任务，它是托盘管理的中心环节。集配中心作为托盘管理系统中的一个中心环节，起到了把舾装件的设计、采购、制造和安装连接成一个整体的作用。向上它促使舾装生产设计的深化，严格按托盘管理系统编制托盘管理表；向下它推动生产计划必须按托盘管理的要求编制，劳动组织必须与托盘管理的要求相适应。

（1）集配中心的作用。

①由集配中心人员按区域舾装的要求进行集配，提前制定舾装件的生产计划，及时发现各种漏洞，强化了生产技术准备工作。

②设立集配中心以后，可以加强物资管理，物资供应部门可以按纳期计划，提前一个星期至十天将机械设备运送到厂，大大减少库存物资所占的仓库面积和空间。加速了物资的流动，即加快了资金的流转，减少了库存物资所占有的流动资金。

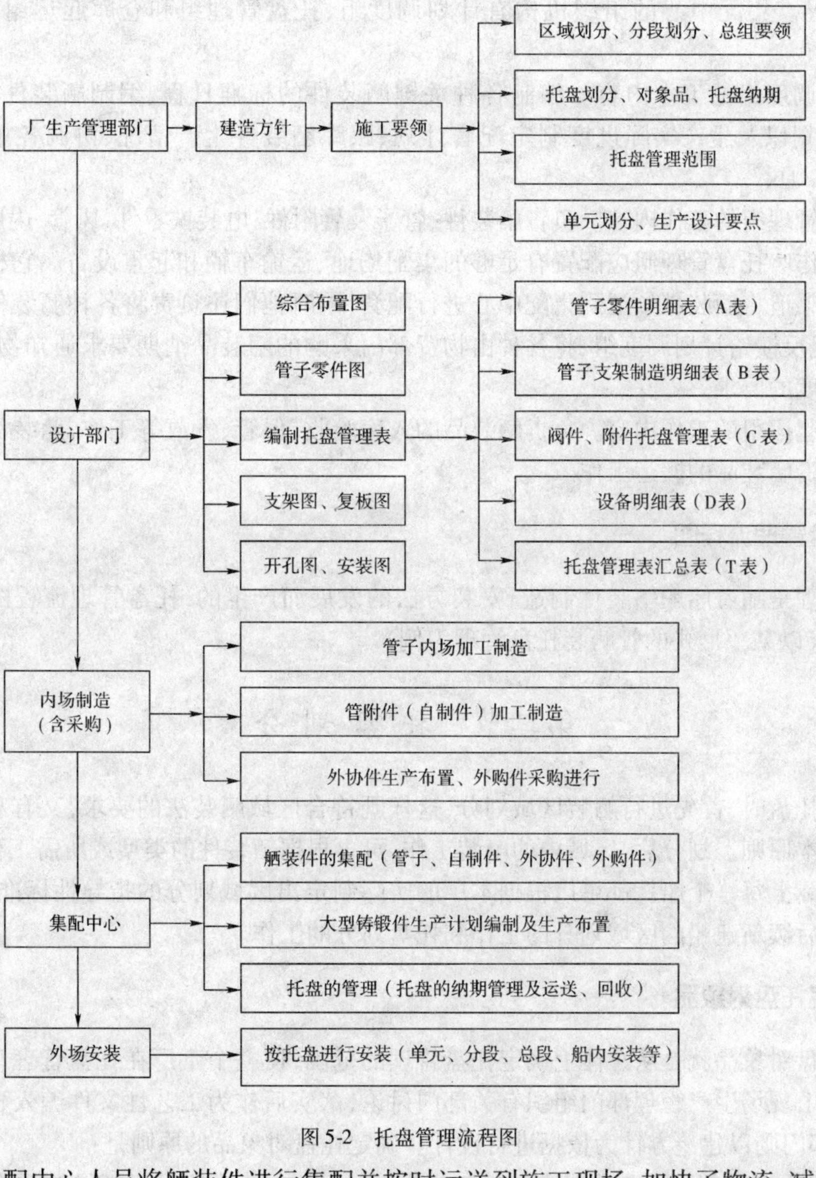

厂生产管理部门
建造方针
施工要领
区域划分、分段划分、总组要领
托盘划分、对象品、托盘纳期
托盘管理范围
单元划分、生产设计要点
设计部门
综合布置图
管子零件图
编制托盘管理表
支架图、复板图
开孔图、安装图
管子零件明细表（A表）
管子支架制造明细表（B表）
阀件、附件托盘管理表（C表）
设备明细表（D表）
托盘管理表汇总表（T表）
内场制造（含采购）
管子内场加工制造
管附件（自制件）加工制造
外协件生产布置、外购件采购进行
集配中心
舾装件的集配（管子、自制件、外协件、外购件）
大型铸锻件生产计划编制及生产布置
托盘的管理（托盘的纳期管理及运送、回收）
外场安装
按托盘进行安装（单元、分段、总段、船内安装等）

图 5-2　托盘管理流程图

③由集配中心人员将舾装件进行集配并按时运送到施工现场，加快了物流，减少了舾装件遗失的现象，减少了生产技术工人花在辅助工作上的工时。可以确保现场施工人员固定在某一区域内连续地进行生产，大大提高了工时利用率和生产效率。

④集配中心可以根据具体情况，平衡各车间舾装品生产的进度计划，使舾装品生产逐步过渡到按托盘组织生产。有利于整个船舶生产的均匀性，改变了舾装品内生产的多头领导，减少

了因不协调而产生的混乱和互相推诿、互相扯皮的现象。

⑤建立集配中心以后,在一定程度上可以保证预舾装工作的开展,使船舶下水的完整性程度提高,从而缩短整个船舶建造周期。

(2)集配中心的组织机构和工作内容。

集配中心可以归属于物资部门领导,也可以归属于造船生产管理部门(现场生产指挥部门)来领导。集配中心的组织机构有计划调度组、托盘管理组和仓库起运组,工作内容如下:

①计划调度组的工作内容。编制各种关键舾装件的标准日程、编制舾装件生产计划、根据月度计划以及生产实际进度制定配套计划、跟踪舾装件生产情况、协调各单位和各部门关系。

②托盘管理组的工作内容。负责舾装件、管子及管附件、电装铁零件、风管、内舾装品等的集中配套工作。托盘管理组应配置有足够的集配场地、运输车辆和起重设备。它根据托盘管理表从各种渠道将舾装品领运到集配中心进行配套,同时他们还负责将各种舾装件的生产信息、到货情况反馈给计划调度组,将各种由物资部门采购的舾装品纳期要求通知物资部门,以满足生产进度的要求。

③仓库起运组的工作内容。负责舾装品的入库验收、保管、发放等工作,舾装品账册的管理工作。负责舾装品的搬运工作。

四、托盘管理流程图

托盘管理是随着船舶舾装件制造、安装方法的发展而产生的,托盘管理流程图,如图5-2所示(这里仅以某一形式的管舾装托盘管理为例)。

第二节　托 盘 划 分

在划分托盘时,首先进行舾装区域划分,这样既符合区域舾装法的要求,又有利于贯彻托盘划分的基本原则。划分后,区域内的舾装工作,可再根据舾装件的类型或所需工种划分为舾装托盘。实际上每一个船厂都可以根据本厂的实际制定出区域划分的指导性标准,这样就可以大大简化后续新建船的区域划分的工作和托盘划分的工作。

一、确定托盘对象品

确定托盘对象品就是从总体上确定托盘管理的范围,使整个工厂在托盘管理工作上统一思想。主要由现场生产管理部门组织有关部门讨论,落实后作为工艺性文件编入建造方针中执行,设计部门则以建造方针为依据进行设计。确定托盘对象品的原则是:

(1)大型设备一般划分为非对象品。如主机、柴油发电机、辅锅炉、轴系、舵系等。

(2)安装用材料、小零件等市场品为非对象品。如螺钉、螺帽、垫片、安装用接线板、绝缘子、波导管等。

(3)易损的设备、仪表划为非对象品。如压力表、温度计、无线电装置、电话、转数表、航海装置等。

除了以上说明的非对象品外，其余的舾装品都为托盘对象品。

二、托盘划分方法

船体的分段划分及总组形式在很大程度上决定着托盘的划分，托盘划分的主要依据是船舶建造方针和施工要领。在进行托盘划分时，必须围绕着建造方针和施工要领，按照划分原则进行。

1. 托盘划分的原则

托盘划分坚持"四不跨"和"两按照"原则。

(1)不跨安装阶段划分托盘。同一托盘内，材料设备、舾装件必须在同一安装阶段进行安装，也就是说，不允许不同安装阶段的材料设备、舾装件置于同一个托盘内。

(2)不跨安装区域和安装位置划分托盘。同一托盘内的舾装件必须在同一安装区域内或同一安装场地进行安装。不能将同一托盘内的舾装件分散在几个不同的地方进行安装作业。

(3)不跨作业单位划分托盘。不能将不同作业类型的施工内容置于一个托盘。

(4)不跨安装图划分托盘。一份安装图可以划分若干个托盘，但不允许一个托盘含两份或两份以上的安装图纸内容。

(5)必须按安装顺序划分托盘。如果同一托盘内，材料设备、舾装件过多，必须按安装先后顺序进行再划分。

(6)必须按工作量的大小来划分托盘。原则上以每个托盘为两个工人一周的工作量来确定，但是由于各个工厂的作业条件不一样，工作效率也不一样，同时还受到其他一些条件的限制，所以实际上可操作性较难掌握，各船厂可以根据自己的经验及条件灵活处理。

2. 托盘划分的要点

(1)每个分段都要有与之对应的托盘，除无舾装件分段之外。

(2)采用总段建造法时，总段托盘与分段托盘应独立编制。

(3)若同一分段跨两个以上的区域，应按区域编制相应的托盘。即同一分段上可能有两只以上托盘，但应尽量避免这种情况的出现，特别是属于同一大区域内，各小区域的划分应尽可能与分段的划分一致。

(4)采用单元组装时，每一只单元应划分为独立的托盘，托盘内应包括单元内所有的舾装件(管子及其附件、设备及基座、格栅及铁舾装件等)。

3. 托盘划分的方法

(1) 按安装阶段划分托盘。首先，根据舾装工程各阶段的特点，将整个舾装工程划分为单元组装、分段预装、总段预装、船内舾装四个阶段，前三个工艺阶段属地面舾装。

(2)按安装位置划分托盘。按安装阶段划分后，若作为单一托盘，则一个托盘的舾装件很多，所以，必须按其安装的具体位置再进行划分。

(3)按安装顺序划分托盘。经上述划分，若作为一个托盘，则舾装件还是较多，往往不便于搬运及安装。因此，考虑每个托盘的工作量，必须要按安装先后顺序再进行划分。

三、托盘编码

每一个现代化的造船厂都有一套编码系统，它的作用是利用计算机进行工厂的生产管理，

所以托盘管理的舾装代码应成为工厂整个编码系统的一部分,使计算机能根据舾装代码进行舾装件的生产管理和成本管理,托盘管理的舾装代码应符合工厂编码系统的标准。船舶舾装件安装托盘的代码结构与编码方法在《中华人民共和国船舶行业标准》中已作了具体规定,这里我们介绍两种船厂现正在使用的舾装代码编码方法,重点放在第一种。

第一种托盘代码由9位字符构成,其含义如表5-1所示。

托盘代码构成　　表5-1

码位	1	2	3	4	5	6	7	8	9
含义	设计单位	专业	托盘内容	托盘序号	工艺阶段	分段或区域名(单元名)			

1. 船上区域名代码

(1)船上区域名。将船上所有施工作业点按生产管理需要出发,以一定的法则汇总划分成若干个单个形态的舾装管理基本单位(区域),即船上区域名。

(2)大区域。以全船各部分的结构特征和公司生产管理实际需要为依据,把全船划分成若干个大区域,它是代码的第一位,由该区域英文名称的第一个字母表示,见表5-2及图5-3。

大区域代码表　　表5-2

代码	名　称	区域范围	备　注
F	艏部	货舱前壁至艏	
S	外板	外板全区域	
D	露天甲板	机舱后壁至货舱前壁的上甲板露天部分	
A	艉部	机舱后壁至艉	
P	泵舱	泵舱内全区域	
T	顶边舱	顶边舱全区域	
H	货舱	货舱内全区域	
B	双层底	机舱前壁至货舱前壁间的双层底内部全区域	
L	居住区内部	居住区内部全区域	
W	居住区外部	居住区外暴露部分	
M	机舱	机舱内、机舱棚内、烟囱内的全区域	
Z	全船	船上全区域	

(3)中区域。在大区域对应的各个大区域内,以该区域的属性划分成若干个中区域。它是代码的第二位,由该区域的甲板、平台层次或舱室编号顺序编制表示,或以其所处的英文名称第一个字母表示。

若大区域内无需按甲板、平台层次和舱室顺序编号划分,即不分中区域的大区域,其代码的第2、3位用"——"表示。

(4)小区域。在中区域对应的各个中区域内,按生产管理的需要,以典型设备、舱室和结构为单位划分成若干个小区域。它是代码的第三位,以数字按顺序编号或以其所处的英文名称第一个字母表示。

若中区域内无需划分成小区域,即不分小区域的中区域,其代码的第3位用"—"表示。

(5)特殊区域。按生产管理的实际需要,将某些区域划分为特殊区域,以该区域英文名称

的缩与字母表示。

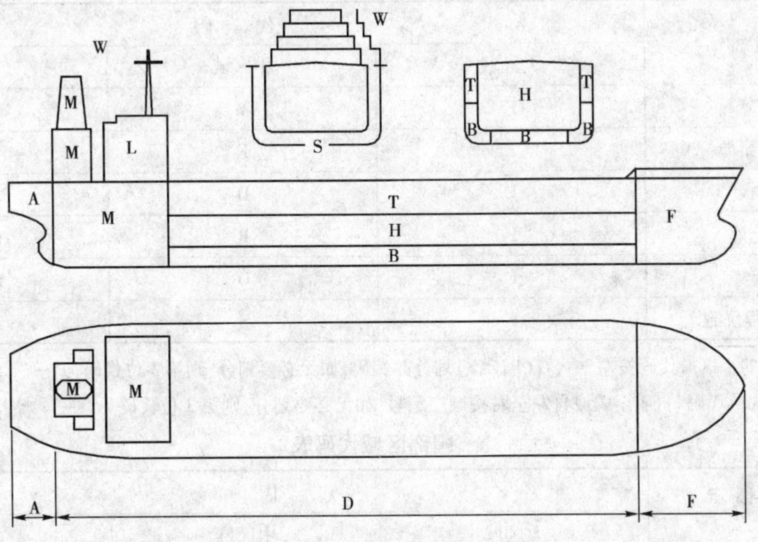

图 5-3 大区域划分图

(6)居住区域。居住区域内部,其代码按英文字母顺序表示。

(7)船上区域名代码的结构。船上区域名代码由三位字符组成,结构见图 5-4。

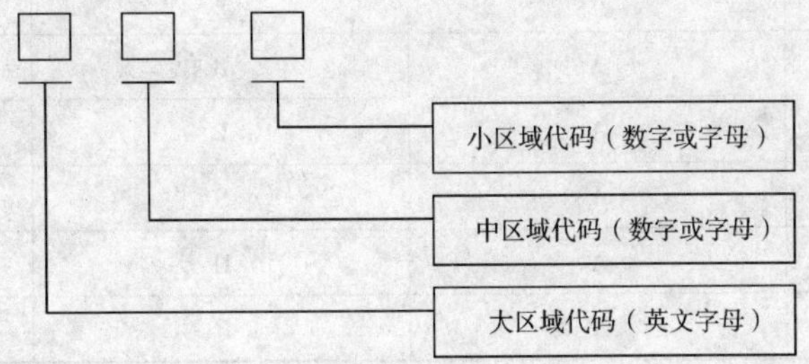

图 5-4 船上区域名代码结构示意图

(8)船上区域名代码的编码方法。船上区域名代码的编码方法见表 5-3～表 5-12 及图 5-5～图 5-12。

艏部区域代码表 表 5-3

区 域 名 称	代 码		
	大区域	中区域	小区域
艏尖舱	F	P	T
艏燃油舱	F	F	O
压载水舱	F	W	B
锚链舱	F	C	L
艏泵舱	F	P	R
艏控室	F	C	R
艏侧推室	F	B	T
液压泵舱	F	H	R

续上表

区域名称	代码		
	大区域	中区域	小区域
前桅	F	M	T
应急消防泵舱	F	E	F
艏楼甲板	F	D	P,C,S,—
水手长仓库	F	B	1~9,—
CO_2 室	F	O	1~9,—
测深仪、计程仪舱	F	S	R

注:艏楼甲板的小区域代码按左、中、右(P,C,S)划分并编码,如无必要划分,则第3位代码为"—"。水手长仓库及 CO_2 室的"小区域代码"自艏至艉或自左至右按顺序编号,如无必要划分,则第3位代码为"—"。

艉部区域代码表 表5-4

区域名称	代码		
	大区域	中区域	小区域
艉部上甲板	A	D	P,C,S,—
空舱(冷却水舱)	A	V	P,C,S,—
淡水舱	A	F	P,C,S,—
艉楼甲板	A	B	P,C,S,—
艉尖舱	A	P	T
舵机舱	A	S	R
液压泵舱	A	H	R
舵叶	A	R	P

注:小区域代码按左、中、右(P,C,S)划分并编码,如无必要划分,则第3位代码为"—"。应急消防泵舱除设在艏部外,设在其他任何位置都作为艉部区处理。

机舱区域代码表 表5-5

区域名称	代码		
	大区域	中区域	小区域
双层底上	M	1	1~6 ,P,S,A,F,—
平台(或花钢板)下	M	2	1~6 ,P,S,A,F,—
平台(或花钢板)上	M	3	1~6 ,P,S,A,F,—
主甲板下	M	4	1~6 ,P,S,A,F,—
机舱棚内	M	5	1~6 ,P,S,A,F,—
机舱围壁	M	H	1~6 ,P,S,A,F,—
烟囱内	M	T	—

注:小区域代码按左、右、后、前(P,S,A,F)划分并编码,如果用数字表示,则偶数用于左舷,奇数用于右舷,并由艏至艉顺序编码。如无必要划分,则第3位代码为"—"。

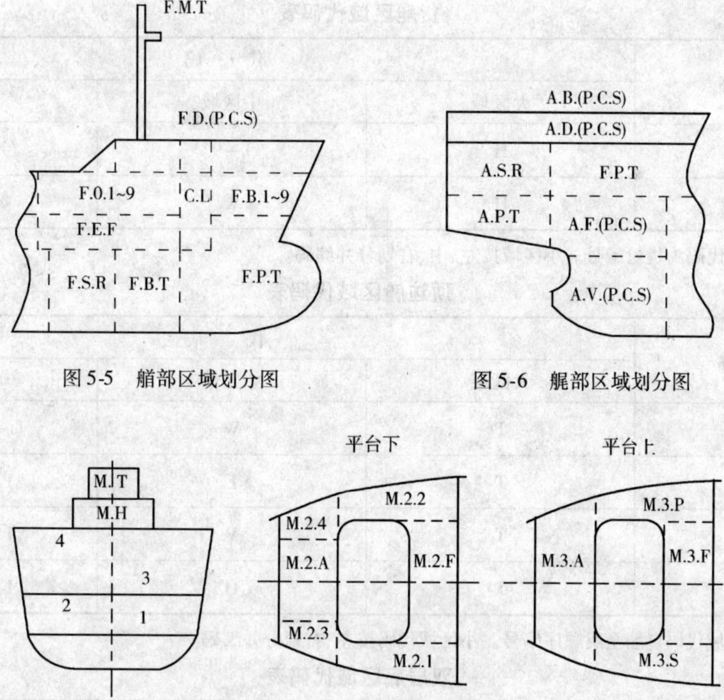

图 5-5 艏部区域划分图　　图 5-6 艉部区域划分图

图 5-7 机舱区域划分图

露天甲板区域代码表　　表 5-6

区 域 名 称	代　码		
	大区域	中区域	小区域
上甲板	D	1 ~ 9	P, C, S, —
液压泵舱	D	H	1 ~ 9, —
甲板仓库	D	S	1 ~ 9, —
吊柱	D	P	1 ~ 9, —
灯桅	D	L	1 ~ 9, —
舱口	D	C	1 ~ 9, —

注：露天甲板中区域代码自艏至艉顺序编号，小区域代码按左、中、右划分并编号。除露天甲板外，小区域代码自艏至艉或自左至右顺序编号，各种甲板舱室包括内、外部。

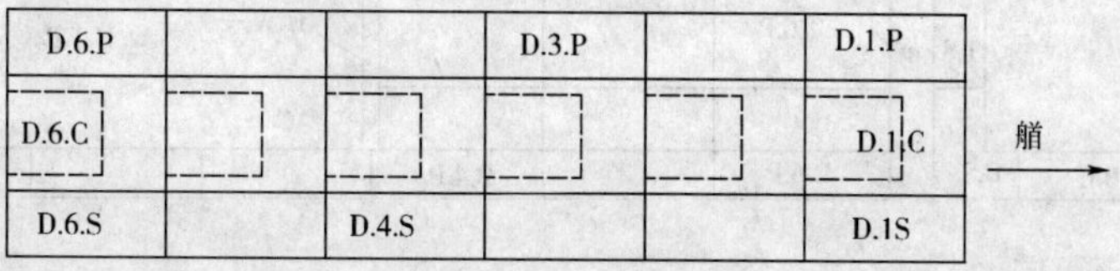

图 5-8 散货船、多用途船、集装箱船上甲板区域划分图（舱口盖不作为一个区域）

货舱区域代码表 表5-7

区域名称	代码		
	大区域	中区域	小区域
货舱	H	1~9	P,C,S,—
货舱横舱壁	H	W	1~9,—

注:货舱中区域代码为货舱编号。小区域按左、中、右划分并编码。

顶边舱区域代码表 表5-8

区域名称	代码		
	大区域	中区域	小区域
压载舱	T	W	1~9,P,C,S,—
淡水舱	T	F	1~9,P,S,—
空舱	T	V	1~9,P,S,—
油舱	T	O	1~9,P,S,—

注:顶边舱中区域代码自艏至艉顺序编号。小区域代码按左、右划分并编码。

双层底区域代码表 表5-9

区域名称	代码		
	大区域	中区域	小区域
压载舱	B	W	1~9,P,C,S,—
淡水舱	B	F	1~9,P,C,S,—
空舱	B	V	1~9,P,C,S,—
油舱	B	O	1~9,P,C,S,—

注:双层底中区域代码自艏至艉顺序编号。小区域代码按左、中、右划分并编码,如无必要划分,则第3位代码为"—"。

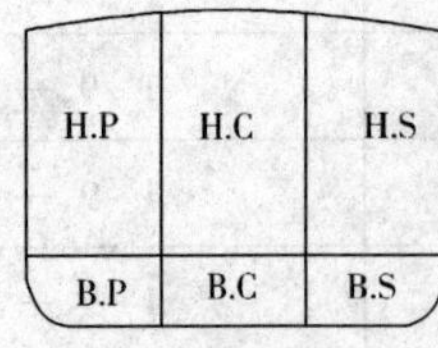

图5-9 渔船货舱、双层底(纵剖面)

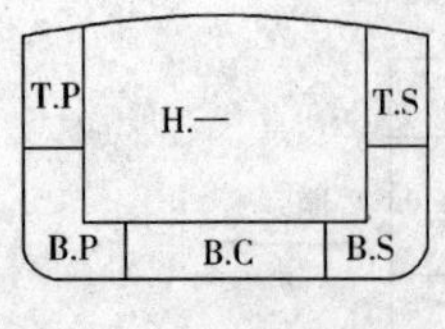

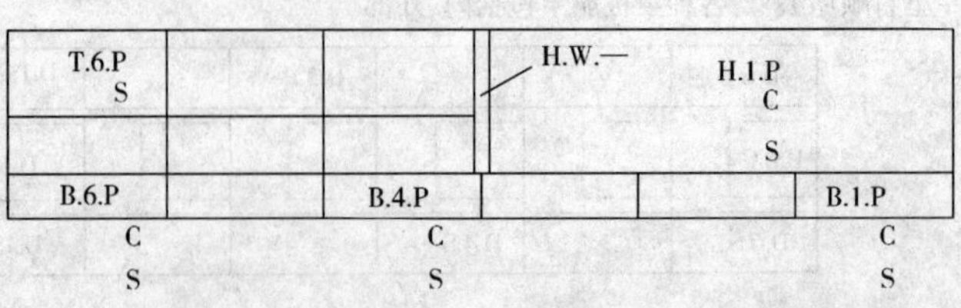

图5-10 散货船、集装箱船货舱、边舱、双层底(纵剖面)

居住区内部区域代码表　　表 5-10

区域名称	代码		
	大区域	中区域	小区域
居住区内部(船员室)	L	1—7	P,C,S,A,F,—
船长室	L	A	——
轮机长室	L	B	——
大副室	L	C	——
备员室	L	D	1~3,—
应急发电机室	L	E	1~3,—
无线电室	L	F	1~3,—
餐厅	L	G	1~3,—
厨房	L	H	1~3,—
娱乐室	L	I	1~3,—
办公室	L	J	1~3,—
客厅	L	K	1~3,—
厕所(卫生间)	L	L	1~3,—
机舱集控室	L	M	1~3,—
洗衣室	L	N	1~3,—
CO_2 室	L	O	1~3,—
浴室	L	P	1~3,—
医务室	L	Q	1~3,—
食品库	L	R	1~3,—
储藏室	L	S	1~3,—
电工室	L	T	1~3,—
蓄电池室	L	U	1~3,—
空调机室	L	V	1~3,—
驾驶室	L	W	1~3,—
工作间	L	X	1~3,—
居住区内部通道	L	Y	1~3,—
梯道	L	Z	1~3,—

注:居住区内的中区域代码按层划分,自下而上顺序编号,如无必要划分,则2位代码为"—"。小区域代码按左、中、右、后、前划分,如无必要划分,则第3位代码"—"。

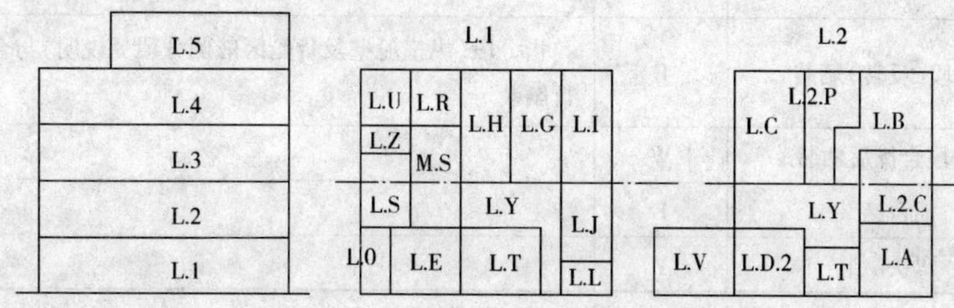

图 5-11　居住区内部区域划分图

泵舱区域代码表 表 5-11

区域名称	代码		
	大区域	中区域	小区域
花钢板下(含花钢板)	P	1	P,C,S,—
花钢板上	P	2	P,C,S,—
主甲板下	P	3	P,C,S,—

居住区外部区域代码表 表 5-12

区域名称	代码		
	大区域	中区域	小区域
居住区外部	W	1 ~7	P,C,S,A,F,—
雷达桅	W	R	M

注:居住区外部的中区域代码按层划分,自下而上顺序编号,如无必要划分,则第 2 位代码为"—"。小区域代码按左、中、右、后、前划分并编码。如无必要划分,则第 3 位代码为"—"。

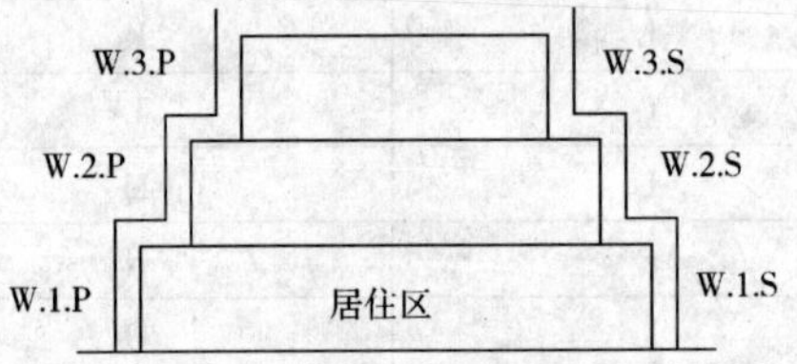

图 5-12 居住区外部区域划分图

2. 工艺阶段代码

工艺阶段是按照造船工艺顺序划分生产全过程中的一部分,如零件加工、内场框架装焊、分段装配、船台合拢、单元舾装、分段舾装、船上舾装等。

工艺阶段代码采用一位字母表示,见表 5-13。

工艺阶段代码表 表 5-13

序号	工艺阶段	代码	备注
1	舾装件制作	F	
2	陆地单元组装	S	
3	船上安装单元	U	
4	分段(正转)舾装	C	指分段(纵横舱壁及货舱区舷侧分段见说明)在接近合拢的状态下进行舾装
5	分段(反转)舾装	B	指分段(纵横舱壁及货舱区舷侧分段见说明)与合拢状态相反时进行舾装
6	分段合拢后舾装	W	
7	船台舾装	L	
8	码头舾装	V	

说明:对卧造的横舱壁分段,当上端为首时称为正转;对卧造的纵舱壁分段,当上端为右舷时称为正转;对卧造的货舱区舷侧分段,当外板向下时为正转。反之,均为反转。

3. 设计单位代码

设计单位代码用一位字母表示,见表5-14。

设计单位代码 表5-14

序号	设计单位	代码
1	船体室	H
2	甲装室	D
3	居装室	A
4	机装室	M
5	电装室	E
6	涂装室	P
7	计划管理室	G

4. 专业代码

专业代码用一位字母表示,见表5-15。

专业代码表 表5-15

专业名称	代码	备注
管系	P	
通风	V	含空调、冷藏
铁舾	F	
电气	E	
舱室	S	
机械	M	含各种设备、外订货箱柜

5. 托盘内容代码

托盘内容代码,见表5-16。

托盘内容代码表 表5-16

分类	托盘内容	代码
	综合	O
管系	管件	A
	附件	B
	支架	C
通风	风管	D
	附件	E
	支架	F
铁舾	基座、搁架、花钢板、箱柜(自制)	G
	锚、系泊和拖带装置	H
	起重、绑扎、各种桅(柱)	I
	门、窗、仓口盖、人孔盖、百叶窗	J
	栏杆、梯子、平台、扶手、走桥、天幕	K
	消防、救生装置	L
	阴极防腐、海底栓、各种标志	M
	舵系、轴系	N

续上表

分　类	托盘内容	代　码
电气	电缆	P
	各种焊接材料	Q
仓库	仓库绝缘	R
	甲板敷料	S
	内装板	T
	卫生器具	U
	家具、装饰帘	V
	铭牌、提示牌	W
机械	设备	X
	箱柜(外订货)	Y
	其他	Z

注:当托盘内容为两个或两个以上时,采用“综合”(代码为O)。在表5-16中未列出的托盘内容,采用“其他”(代码为Z)。

6. 代码示例(图5-13～图5-15)

例1

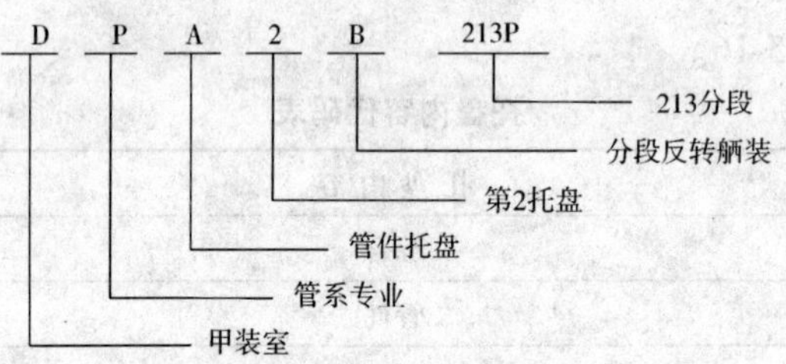

图5-13　代码示例1

例2

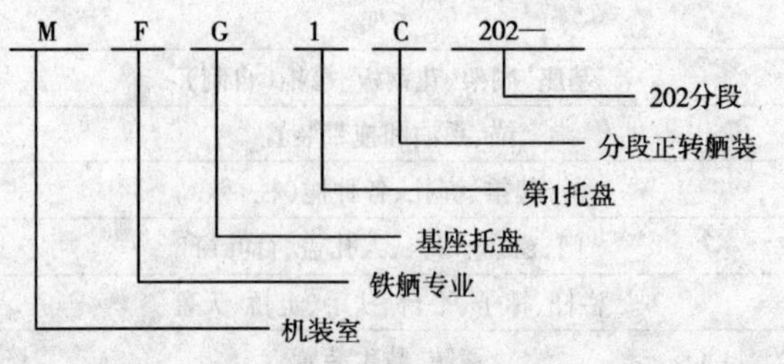

图5-14　代码示例2

例 3

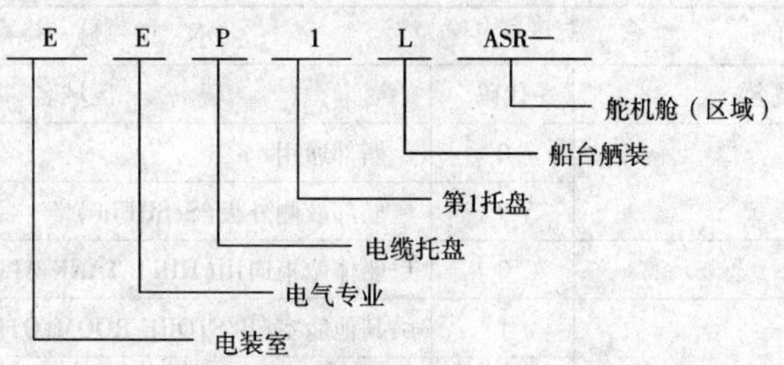

图 5-15　代码示例 3

第二种托盘代码由 10 位字符构成，其代码结构如图 5-16 所示。其中，区域名代码结构同图 5-4，具体代码见表 5-17 ~ 表 5-26；工艺阶段代码、设计部门代码、资料序号、图纸种类代码、部门代码、作业类型代码见托盘速查表 5-27。

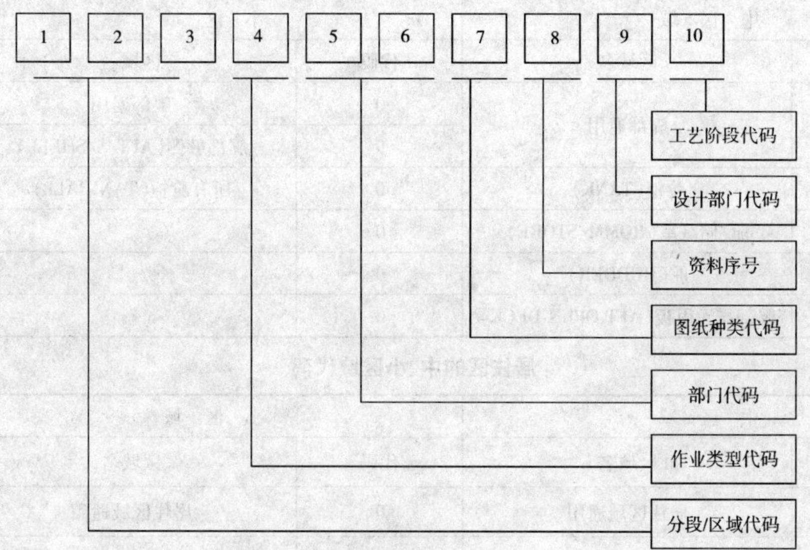

图 5-16　托盘代码结构示意图

大 区 域 代 码　　表 5-17

代码	区域名	区 域 范 围	备　注
A	船艉	机舱后壁至船艉	
M	机舱	机舱内、机舱棚内、烟囱内的全区域	
L	居住区	居住区全区域	
B	双层底	双层底、箱式龙骨、燃油舱及压载水舱	
H	货舱	机、泵舱前壁至艏尖舱后壁的装载全区域及顶边水舱	
D	上甲板	居住舱前壁至艏尖舱后壁间的上甲板、舱口围、储存室	
F	艏部	艏尖舱后壁至船艏（包括锚唇）	
P	泵舱	泵舱内全区域	包括泵舱入口
Z	全区域	船上全区域	

艏部(F)的中、小区域代码　表 5-18

中区域		小区域		备注
代码	区域名	代码	区域名	
0	艏部通用	0	艏部通用	
		9	艏部舷侧外板(S/SHELL)	
1	舱柜(TANK)	0	船体舱柜通用(HULL TANK ALL)	
2	舱/储藏室(ROOM /STORE)	1	其他舱室(B/STORE ROOM,OTHER ROOM)	
		2	锚链舱(CHAIN LOCKER)	
		3	艏侧推舱(BOW THRUSTER ROOM)	
3	露天甲板(OPEN DECK)	0	甲板通用(DECK ALL)	

船艉中、小区域代码组成　表 5-19

中区域		小区域		备注
代码	区域名	代码	区域名	
0	艉部通用	0	艉部通用	
		9	艉部舷侧(AFT/S/SHELL)	
1	舱柜(TANK)	0	所有舱柜(TANK ALL)	
2	舱/储藏室(ROMM/STORE)	0		
3	舵(RUDDER)	0		
4	艉部露天甲板(AFT OPEN DECK)	0		

居住区的中、小区域代码　表 5-20

中区域		小区域		备注
代码	区域名	代码	区域名	
0	居住区域通用	0	居住区域通用	
1	L1 区域(L1 ZONE)	0	L10 区域(L10 ZONE)通用	
2	L2 区域(L2 ZONE)	0	L20 区域(L20 ZONE)通用	
3	L3 区域(L3 ZONE)	0	L30 区域(L30 ZONE)通用	
4	L4 区域(L4 ZONE)	0	L40 区域(L40 ZONE)通用	
5	L5 区域(L5 ZONE)	0	L50 区域(L50 ZONE)通用	

双层底的中、小区域代码　表 5-21

中区域		小区域		备注
代码	区域名	代码	区域名	
0	双层底(D/BOTTOM)通用	0	双层底(D/BOTTOM)通用	
		9	外底板(BOTTOM　SHELL)	
		2	1 号压载水舱(NO.1 W.B. TANK)	
		3	燃油舱(F.O　TANK)	

续上表

中区域		小区域		备注
代码	区域名	代码	区域名	
1	1 双层底区域（NO.1D/BOTTOM ZONE）	1	箱型龙骨（DUCT KEEL）	
		2	1 号压载水舱（NO.1 W.B. TANK）	
		3	燃油舱（F.O TANK）	
2	2 双层底区域（NO.2D/BOTTOM ZONE）	1	箱型龙骨（DUCT KEEL）	
		2	2 号压载水舱（NO.2 W.B. TANK）	
		3	燃油舱（F.O TANK）	
3	3 双层底区域（NO.3D/BOTTOM ZONE）	1	箱型龙骨（DUCT KEEL）	
		2	3 号压载水舱（NO.3 W.B. TANK）	
		3	燃油舱（F.O TANK）	
4	4 双层底区域（NO.4D/BOTTOM ZONE）	1	箱型龙骨（DUCT KEEL）	
		2	4 号压载水舱（NO.4 W.B. TANK）	
		3	燃油舱（F.O TANK）	

机舱的中、小区域代码　　表 5-22

中区域		小区域		备注
代码	区域名	代码	区域名	
0	机舱通用	0	机舱通用	
		9	机舱舷侧（M/R S/ SHELL）	
1	M1 区域（M1 ZONE）	0	机舱双层底（M/R D/B TANK）	双层底（D/B）~双层底内板
2	M2 区域（M2 ZONE）	0	M20 区域（M20 ZONE）通用	内底板（T/TOP）~2 平台（2ND DECK）
		1	轴（SHAFT）	
		2	主机（MAIN ENGINE）	
3	M3 区域（M3 ZONE）	0	M30 区域（M30 ZONE）通用	2 平台~1 平台
		1	净油机舱室（PURIFIER ROOM）	
4	M4 区域（M4 ZONE）	0	M40 区域（M40 ZONE）通用	1 平台~上甲板
		1	机舱控制室（M.C. ROOM）	
		2	机修间（WORK SHOP）	
9	M9 区域	0	烟囱罩（F/CASING）通用	

货舱的中、小区域代码 表 5-23

中区域		小区域		备注
代码	区域名	代码	区域名	
0	货舱(HOLD)通用	0	货舱(HOLD)通用	
1	1 号货舱区(NO.1 HOLD ZONE)	1	1 号货舱(NO.1 HOLD)	
		2	1 号顶边水舱(NO.1 T.S.W.T (P/S))	
		3	通道(PASSAGE WAY)	
		9	(舷侧外板(S/SHELL))	
2	2 号货舱区(NO.2 HOLD ZONE)	1	2 号货舱(NO.2 HOLD)	
		2	2 号顶边水舱(NO.2 T.S.W.T(P/S))	
		3	通道(PASSAGE WAY)	
		9	(舷侧外板(S/SHELL))	
3	3 号货舱区(NO.3 HOLD ZONE)	1	3 号货仓(NO.3 HOLD)	
		2	3 号顶边水舱(NO.3 T.S.W.T(P/S))	
		3	通道(PASSAGE WAY)	
		9	(舷侧外板(S/SHELL))	
4	4 号货舱区(NO.4 HOLD ZONE)	1	4 号货舱(NO.4 HOLD)	
		2	4 号顶边水舱(NO.4 T.S.W.T(P/S))	
		3	通道(PASSAGE WAY)	
		9	(舷侧外板(S/SHELL))	
5	5 号货舱区(NO.5 HOLD ZONE)	1	5 号货舱(NO.5 HOLD)	
		2	5 号顶边水舱(NO.5 T.S.W.T(P/S))	
		3	通道(PASSAGE WAY)	
		9	(舷侧外板(S/SHELL))	

注:中区域代码与船上货舱号相同,如货舱超过 9 个,中区域代码可按 1、2…9、A、B…排列。

上部甲板的中、小区域代码 表 5-24

中区域		小区域		备注
代码	区域名	代码	区域名	
0	上部甲板通用	0	上部甲板通用	
1	1 号货舱区域	1	1 号舱口盖(NO.1 H/COVER)	
		2	舱口围(HATCH COAMING)	
		3	主甲板(MAIN BLOCK)	
		4	绞缆机室(WINCH HOUSE)储藏室(STORE)	
2	2 号货舱区域	1	2 号舱口盖(NO.2 H/COVER)	
		2	舱口围(HATCH COAMING)	
		3	主甲板(MAIN BLOCK)	
		4	绞缆机室(WINCH HOUSE)储藏室(STORE)	

续上表

中区域		小区域		备注
代码	区域名	代码	区域名	
3	3号货舱区域	1	3号舱口盖(NO.3 H/COVER)	
		2	舱口围(HATCH COAMING)	
		3	主甲板(MAIN BLOCK)	
		4	绞缆机室(WINCH HOUSE)储藏室(STORE)	
4	4号货舱区域	1	4号舱口盖(NO.4 H/COVER)	
		2	舱口围(HATCH COAMING)	
		3	主甲板(MAIN BLOCK)	
		4	绞缆机室(WINCH HOUSE)储藏室(STORE)	
5	5号货舱区域	1	5号舱口盖(NO.5 H/COVER)	
		2	舱口围(HATCH COAMING)	
		3	主甲板(MAIN BLOCK)	
		4	绞缆机室(WINCH HOUSE)储藏室(STORE)	

注:中区域代码与船上货舱号相同,如货舱超过9个,中区域代码可按1、2…9、A、B…排列。

泵舱(P)的中、小区域代码 表5-25

中区域		小区域		备注
代码	区域名	代码	区域名	
0	泵舱(PUMP ROOM)	0	泵舱通用	
		1	入口	

全区域(Z)的中、小区域代码 表5-26

中区域		小区域		备注
代码	区域名	代码	区域名	
0	全区域通用	0~9	序列号(SERIAL NUMBER)	
1	下水前全区域	0~9	序列号(SERIAL NUMBER)	
2	下水后全区域	0~9	序列号(SERIAL NUMBER)	

托 盘 速 查 表 表5-27

托盘代码						
区域码	作业类型码	作业部门码	图纸种类码	资料序号	设计部门码	工艺阶段码
(一)大区域 A 船艉; M 机舱; L 居住区; B 双层底; H 货舱; D 上甲板; F 艏部; P 泵舱; Z 全区域	H 船体; M 舾装制作; F 舾装安装; P 涂装	11 船体分厂; 12 业内分厂; 13 甲装分厂; 14 居装分厂; 15 机装分厂; 16 电装分厂; 17 船坞分厂; 18 涂装事业部; 19 管加工分厂; 22 机加工分厂; 37 集配处; 38 物管处; 73 机械制造公司	L 目录; M 制作图; F 安装图; U 单元; C 船体切割图; A 船体组立图; R 钢材 POR; V 设备图纸; T 托盘表; B 吊装表; Y 分段除锈涂装示图; D 清单	按1~9数字排列,如果序号超过9,可用字母A、B…Z排列,其中L、O不用	H 船体科; D 外装科; A 内装科; E 电装科; N 管装科; M 机装科; C 工艺科; B 开发科; S 标准冶金科; T 海工科; Z 管理科; X 手放; L 工艺路线科; Q 焊接室; R 化工科; Y 减振降噪科; K 工装科	A 钢材预处理; B 船体下料加工、舾装件制作、舾装件涂装; C 小组立装配、小组立舾装; D 中组立装配、中组立舾装; F 单元制作装配; H 下胎前分段装配、分段舾装; G 下胎后分段装配、分段舾装; J 分段涂装; K 总段装配、总段舾装; L 船台合拢、船台舾装、盆舾装、船台涂装; M 船坞装配、船坞舾装、船坞涂装; N 船舶下水; P 码头装配、码头舾装; R 系泊试验; S 航行试验; T 扫尾、交船; U 不分阶段 注1. 以主要内容为主; 2. 跨两个工艺阶段,以先为主
(二)中区域 由该区域的甲板、平台层次或舱室编号顺序编制						
(三)小区域 以典型设备、舱室和结构为单位划分成若干个小区域						

注:不确定作业部门的,用"00"表示,仅在图纸目录中使用。

第三节 托盘管理表

托盘管理表是为了满足生产管理的需要,在生产设计过程中将托盘管理对象品分类进行物资集配,以便据此进行物资采购或制造,并按规定的交付期送到施工现场的管理图表。

一、托盘管理表的种类

托盘管理表的分类各船厂区别很大,即便同一工厂中,由于各专业各自的施工特点、设计方法、顺序、设备来源的不同,其分类的方法也有很大的差异。这里介绍一种比较简单易学的分类方法,各船厂根据本厂的具体情况做一些修改就可以实施。下面就以管舾装托盘管理表为例进行说明。

管舾装托盘管理表本身由五种表组成,分别简称为 A、B、C、D、T 表,它们的全称为:

T 表——托盘管理表汇总表;

A 表——管子零件明细表;

B 表——管子支架制造明细表(支架托盘管理表);

C 表——阀件、附件托盘管理表;

D 表——设备明细表。

二、托盘管理表的编制

1. 管舾装托盘管理表的编制

1)管子零件明细表(A 表)

由于管子零件明细表主要功能是供内场管子加工使用,故也称为内场加工明细表,简称为 A 表。管子零件明细表的表头如表 5-28 所示,其中各行各列的含义及编写方法如下:

托盘管理表例(A 表) 表 5-28

工程编号		托盘管理表A (内场加工明细表)					编号			
							共 页		第 页	
区域							托盘名称			
序号	管子编号	材质	通径	规格	长度	质量	表面处理	水压验收	位置	形式

(1)工程编号:各船厂对产品(船)所编的程序号。

(2)编号:即图号,可按各工厂的编码标准规定进行编制。

(3)区域:即区域号,可按各工厂的编码标准规定进行填写。

(4)托盘名称:可按各工厂的编码标准规定进行编制。例如,托盘的种类可根据工艺阶段分为单元组装托盘、分(总)段预装托盘和船内安装托盘,托盘名称可以归纳为三大类:

①单元组装托盘。托盘名称即单元名称。

②分(总)段预装托盘。托盘名称由三部分组成:分段号(总段号)+工程代号+阶段代号。

③船内安装托盘。托盘名称的编制方法为:区域代码+阶段代码+工种代码+序号。

(5)序号:即本托盘管子的顺序号,从 1 开始顺序编号。

(6)管子编号:即各管子的件号。

(7)材质:一般填写材料种类和牌号。

(8)通径、规格、长度和质量:通径即管子的内径;规格栏填入管子的外径×壁厚;长度为管子的展开长度,即原材料的长度;质量为管子的质量,不包括两端的连接件。

(9)表面处理:根据管子内部输送的介质和外部环境的不同,管子内外表面要进行各种形式处理,按要求填入相应的代号。例如,磷化处理(R)、内外壁涂塑(L)、内场完工后镀锌(M)、内场完工后酸洗(N)等。

(10)水压验收:这里的水压验收是指单根管子内场加工结束后的强度试验,填入强度试验的压力值,当需要船级社或船东参加水压试验时应填入相应的符号。例如,水压试验压力为 $12kg/cm^2$ 时就填入 12K,压力为 1MPa 时填入 1M,需 LR 船级社验收时填入 12K(LR),其他船级社或船东时可以类推。

(11)位置:管子在船上位于哪一档肋骨的大致位置。一般来说,一根管子总要跨越几档肋距或在两档肋距之间,所以此列填入的肋骨号是管子的大致位置,作用是使外场安装时便于分散成堆的管子以减少整理的工作量。

(12)形式:即管子的类型,是完成管还是调整管。完成管,表示管子在内场加工制造完工,外场根据有关图纸即可安装;调整管,表示管子在内场根据管子零件图弯制完成后,外场在现场校管后再回到内场进行焊接等工序的加工制造,最后上船安装的管子。

2)管子支架制造明细表(B 表)

管子支架制造明细表也称为支架托盘管理表,它由两种表格组成,管子支架制造明细表和管夹的汇总表。

(1)管子支架制造明细表(B 表之一)。管子支架制造明细表(B 表之一)的表头如表 5-29 所示,表头中的工程编号、编号、托盘名称含义及编写方法与 A 表相同,其他项含义及编写方法如下:

管子支架制造明细表例(B 表之一) 表 5-29

<table>
<tr><td colspan="2" rowspan="2">工程编号</td><td colspan="2" rowspan="2">支架托盘管理表 B
(管子支架制造明细表)</td><td colspan="2">编号</td></tr>
<tr><td>共　页</td><td>第　页</td></tr>
<tr><td colspan="6">托盘名称</td></tr>
<tr><td>符号</td><td>支架形式</td><td>长度</td><td>数量</td><td>管夹型号</td><td>数量</td></tr>
<tr><td></td><td></td><td></td><td></td><td></td><td></td></tr>
<tr><td></td><td></td><td></td><td></td><td></td><td></td></tr>
<tr><td></td><td></td><td></td><td></td><td></td><td></td></tr>
<tr><td colspan="5">支架总数</td><td></td></tr>
<tr><td colspan="6"></td></tr>
<tr><td colspan="6">支架用角钢</td></tr>
<tr><td>规格</td><td colspan="2">长度(m)</td><td colspan="2">材料(A3)</td><td>备注</td></tr>
<tr><td></td><td colspan="2"></td><td colspan="2"></td><td></td></tr>
<tr><td></td><td colspan="2"></td><td colspan="2"></td><td></td></tr>
</table>

注:支架制造完毕后,应除锈并涂上车间底漆。

①符号:即支架的件号,支架的符号可以重复,即相同支架可用同一符号表示。

②支架形式：支架形式一栏中填入支架的标准号或“草图”字样。标准支架，可以填入部标、厂标的标准号，根据各船厂标准制定的情况及使用的状态来填写；草图，即非标准支架，必须另外绘制相应的支架图，供内场加工制造使用，根据生产设计综合布置图或安装图上的实际情况绘制。

③长度：填入支架的长度尺寸，根据实际需要填入即可。

④数量：同一支架符号的支架数。

⑤管夹型号：填入管夹的标准号。

⑥数量：同一支架上所需要的相同管夹数量。

⑦支架总数：本托盘的支架总数。

⑧支架用角钢：角钢的规格、长度、材料、备注等。规格，根据所选用的支架标准及草图上所选的角钢规格分类填入，特殊情况若选用其他型钢时要注明；长度，是指用于本托盘的相同规格角钢的汇总长度，m 为单位；材料，材料一般都为 A3 钢，故表头中填入 A3 字样，有特殊要求其他材料时，填入其材料的代号；备注，备注中填入需说明的事项。

为了保证舾装件的质量，最后一行注上文字：支架制造完毕后，应除锈并涂上车间底漆。这说明，用于制造支架的型钢原材料可以先进行预处理，且这样更好。

(2)管夹汇总表(B 表之二)。此表比较简单，仅将本托盘所有支架所用的管夹按类汇总即可，表头如表 5-30 所示。

管夹汇总表例(B 表之二)　　表 5-30

工程编号	支架托盘管理表 B (管子支架制造明细表)	编号	
		共　页	第　页
托盘名称		管夹	
管夹型号	数量	备注	

3)阀件、附件托盘管理表(C 表)

C 表的作用是将外场安装本托盘所需要的阀件、管附件汇总，供生产管理人员和生产工人使用，表头如表 5-31 所示。

阀件、附件托盘管理表例(C 表)　　表 5-31

工程编号	阀件、附件托盘管理表 C		编号		
			共　页		第　页
托盘名称			分段		
符号	名称	图号	数量	来源	备注

(1)符号：阀件或管附件的代号，与管系原理图上的符号应一致。

(2)名称：阀件或管附件的名称，例如，通海阀、减压阀、止回阀、双联滤器等。

(3)图号：阀件或管附件的标准号，无标准号时填入专用图号。

(4)数量:阀件或管附件的数量。

(5)来源:阀件、管附件的来源从大的方面可以分为进口和国产二大类。所以来源一栏中,凡进口的填入“进口”字样,国产的还可以分为外购、外协和自制三大类,可按类分别填入。

(6)备注:可以填入需要说明的内容。

4)设备明细表(D表)

D表的作用与C表相同,但填入的内容不一样,D表填入本托盘安装所需的各种设备,包括泵、箱柜、基座及其他设备,表头如表5-32所示。

设备明细表例(D表)　　表5-32

<table>
<tr><td colspan="2" rowspan="2">工 程 编 号</td><td colspan="2" rowspan="2">托盘管理表D
(设备明细表)</td><td colspan="4">编号</td></tr>
<tr><td colspan="2">共 页</td><td colspan="2">第 页</td></tr>
<tr><td colspan="8">托盘名称</td></tr>
<tr><td>序号</td><td>名称</td><td>图号或型号</td><td>数量</td><td>质量</td><td>来源</td><td colspan="2">备注</td></tr>
<tr><td></td><td></td><td></td><td></td><td></td><td></td><td colspan="2"></td></tr>
<tr><td></td><td></td><td></td><td></td><td></td><td></td><td colspan="2"></td></tr>
</table>

(1)名称:填入设备的全称,如主机冷却水泵、压载泵、化学清洗柜等。

(2)图号或型号:对于外购的设备填入型号,对于外协或自制的设备填入图号。

5)托盘管理表汇总表(T表)

T表是一只托盘的汇总表,它的作用是将此托盘的所有舾装件按类进行汇总,使托盘的集配人员和外场施工人员能掌握本托盘的工作内容、大致的工作量,以便能对工作、生产计划作出准确的安排。T表的内容比较丰富,主要由表头、汇总表、施工明细表、表题栏组成,形式见表5-33。

托盘管理表汇总表例(T表)　　表5-33

<table>
<tr><td colspan="3">船 号</td><td colspan="7">托盘管理表(T)</td></tr>
<tr><td colspan="10">交货期:2012/02/15</td></tr>
<tr><td>单元</td><td rowspan="3"></td><td>托盘代码</td><td colspan="3">托盘名称</td><td colspan="2">安装日期</td><td>合计质量</td><td>舾装区域</td></tr>
<tr><td>分段</td><td rowspan="2"></td><td colspan="3" rowspan="2"></td><td colspan="2" rowspan="2">2012/02/19</td><td rowspan="2"></td><td rowspan="2"></td></tr>
<tr><td>船内</td></tr>
<tr><td colspan="3">名称</td><td colspan="3">数量</td><td>完工日期</td><td>工时</td><td>质量(kg)</td><td>备注</td></tr>
<tr><td rowspan="4">A</td><td rowspan="4">管子</td><td rowspan="2">一般管</td><td>完</td><td>调</td><td>合计</td><td rowspan="4">2012/02/08</td><td rowspan="4"></td><td rowspan="4"></td><td rowspan="4"></td></tr>
<tr><td></td><td></td><td></td></tr>
<tr><td rowspan="2">加热管</td><td>完</td><td>调</td><td>合计</td></tr>
<tr><td></td><td></td><td></td></tr>
<tr><td rowspan="3">B</td><td colspan="2">支架</td><td colspan="3">23</td><td></td><td></td><td></td><td></td></tr>
<tr><td colspan="2">管夹</td><td colspan="3">38</td><td></td><td></td><td></td><td></td></tr>
<tr><td colspan="2"></td><td colspan="3"></td><td></td><td></td><td></td><td></td></tr>
</table>

续上表

名称		数量	完工日期	工时	质量(kg)	备注
C	阀件	20				
	滤器	2				
D	滑油分油机及供给泵	各2				
	滑油油渣柜	1				
	基座	3				
单元						
施工明细表	名称	图号	名称	图号		
	机舱03区域管系安装图					
	机舱03区域单元管子零件图					

(1)表头:由船号、交货期、舾装阶段、托盘代码、托盘名称、安装日期、合计质量、舾装区域几栏组成,说明如下:

①交货期:指本托盘集配完成的日期。一般规定在本托盘安装开始日以前3~5天应集配完成。

②舾装阶段:船舶舾装阶段共分为9个阶段,但是可以将它们合并为三个大阶段,即单元组装、分段预装、船内舾装三大阶段,根据本托盘的舾装阶段在相应栏中打上记号。

③安装日期:托盘内舾装品安装开始日,由生产管理部门或编制建造方针和施工要领的部门提供,生产设计人员将它填入T表。

④合计质量:本托盘所有舾装件的总质量,供生产部门在起吊运输以及估算船舶空船质量时参考。

⑤舾装区域:可填入本托盘所属的区域号。

(2)汇总表:按A、B、C、D、单元分别汇总,汇总表的表头栏由名称、数量、完成日期、工时、质量、备注构成。

①A表的表头栏:包括管子的汇总,首先分为一般管和加热管两大类,然后再细分为完成管、调整管和合计三栏,按具体情况填入。

a.一般管:即除了加热管(油舱加热管)以外的所有管子;

b.加热管:由于油舱加热管的制作、安装工艺、生产日期等都有其特殊性,与一般管差别较大,所以分栏列出;

c.完成日期:指自制件内场加工完成日,外协件、外购件到厂日;

d.工时:填入完成本项工作所需要的总工时;

e.质量:填入舾装件的质量。

②B、C、D表及单元表:与A表不同的地方是名称栏,可直接填写支架、阀件、附件、泵、基座、箱柜字样,数量是同类设备的汇总数。

③施工明细表:是为外场施工人员提供安装本托盘所需准备的图纸名称和图号信息。

④T 表的下部为通用图纸的表题栏。

2. 其他舾装件托盘管理表的编制

其他舾装件托盘管理表的编制以管舾装托盘管理表的编制类推即可,以外舾装托盘管理表的编制为例,做简单的介绍。

外舾装托盘管理表有 B、C、D、T 四种表格组成,它们的形式和内容如下:

(1)T 表(托盘管理表汇总表)。可以另行设计适合于外舾装的托盘管理表汇总表,但最简单办法是利用管舾装的托盘管理表汇总表(T 表),只是无关的内容可以不填,其他的内容按实际填入即可。

(2)B、C、D 表(舾装件明细表)。这三张表格的形式可以借用管舾装托盘管理表的 D 表,但表名必须做一些修改,见表 5-34 所示。将舾装件分别填入 B 表(自制件明细表)、C 表(外协件明细表)和 D 表(外购件明细表)即可。

外舾装托盘管理表(B、C、D 表)　　表 5-34

<table>
<tr><td rowspan="2">工程
编号</td><td rowspan="2">托盘管理表(B)
自制件明细表</td><td colspan="2">编号</td></tr>
<tr><td>共　页</td><td>第　页</td></tr>
<tr><td rowspan="2">工程
编号</td><td rowspan="2">托盘管理表(C)
外协件明细表</td><td colspan="2">编号</td></tr>
<tr><td>共　页</td><td>第　页</td></tr>
<tr><td rowspan="2">工程
编号</td><td rowspan="2">托盘管理表(D)
外购件明细表</td><td colspan="2">编号</td></tr>
<tr><td>共　页</td><td>第　页</td></tr>
</table>

由于各厂的情况不同,分类的方法也有很大的差别,所以每张表格填入的内容可根据本厂的具体情况作出判断。

三、托盘管理表的实施

托盘管理表已反映出机装、外装、内装、管装等专业的舾装制作和安装信息,托盘管理表发至生产管理部门和现场各施工单位,用以作为订货、制作、配套、安装等生产全过程的管理依据。据此信息,主要是外购订货的具体到厂日期、自制件与外协件具体制作项目和完成日期、库存通用品的准备以及管子制作加工等信息,由生产管理部门按托盘完成日期的先后顺序,安排单位按时制作。外协件按具体完成日期,交由外单位按图制作。同时外购件订货并按时到货。当外购、外协以及自制的装置、部件准备完毕后,由物资管理部门按托盘清单和现场施工进度的指示要求进行托盘集配。管子托盘集配也是根据管路安装托盘表,然后由物资管理部门根据出库指示表,将所需要的托盘运往施工现场。托盘管理表的实施流程如图 5-17 所示。

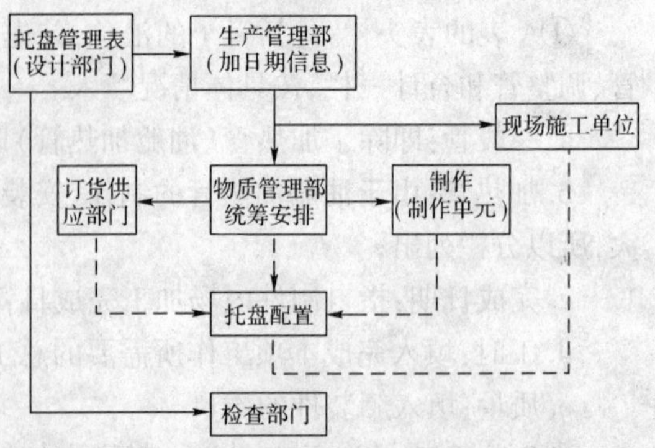

图 5-17　托盘管理表的实施流程

SIKAO YU LIANXI

一、填空题

1. 托盘用来表达为完成区域/类型/阶段划分的工作单元所需要的全部信息和资源。托盘既是一个(　　　　),表示舾装施工的范围、方法与要求;又是一个供安装用的器材(　　　　),提供该区域舾装件制作的原材料清单及集中存放加工制作完成的该区域内的舾装件。托盘是由图面造船转换为实物造船不可缺少的(　　　　)。

2. 托盘管理是船舶舾装的一种科学管理方法。它包括(　　　　)、(　　　　)和(　　　　)三部分内容。

3. 托盘管理作为一个系统工程必然要涉及船厂内各个部门及众多的舾装件配套厂。对船厂内部来说,主要涉及的单位是(　　　　)、(　　　　)和(　　　　)。

4. 船体的分段划分及总组形式在很大程度上决定着托盘的划分,托盘划分的主要依据是(　　　　)和(　　　　)。

5. 分段与合拢状态相反时进行的舾装阶段称(　　　　)。

二、名词解释

1. 托盘。
2. 托盘管理。
3. 托盘纳期。
4. 船上区域名。
5. 托盘管理表。

三、简答题

1. 集配中心的作用是什么?
2. 托盘划分的原则是什么?
3. 舾装施工要领与托盘管理直接相关的内容是什么?
4. 船上区域名代码的编码方法是什么?
5. 管舾装托盘管理表的种类是什么?

第六章　单元模块生产作业管理

● **学习目标**

知识目标

1. 了解单元模块的概念与分类；
2. 了解单元模块生产作业管理流程；
3. 了解单元模块组装的集配管理；
4. 了解单元模块生产作业安全与质量控制管理的内容与方法。

能力目标

1. 掌握单元模块的分类；
2. 具有单元模块生产作业管理的能力。

第一节　单元模块的分类

为适应现代造船发展需要，单元模块制造技术被广泛应用。单元模块是指舾装件(如机械设备、阀件、管路和仪表)按不同的特征和要求(区域、功能)先在车间内进行配套安装、调试，然后组合成舾装单元或模块，如图6-1和图6-2所示。

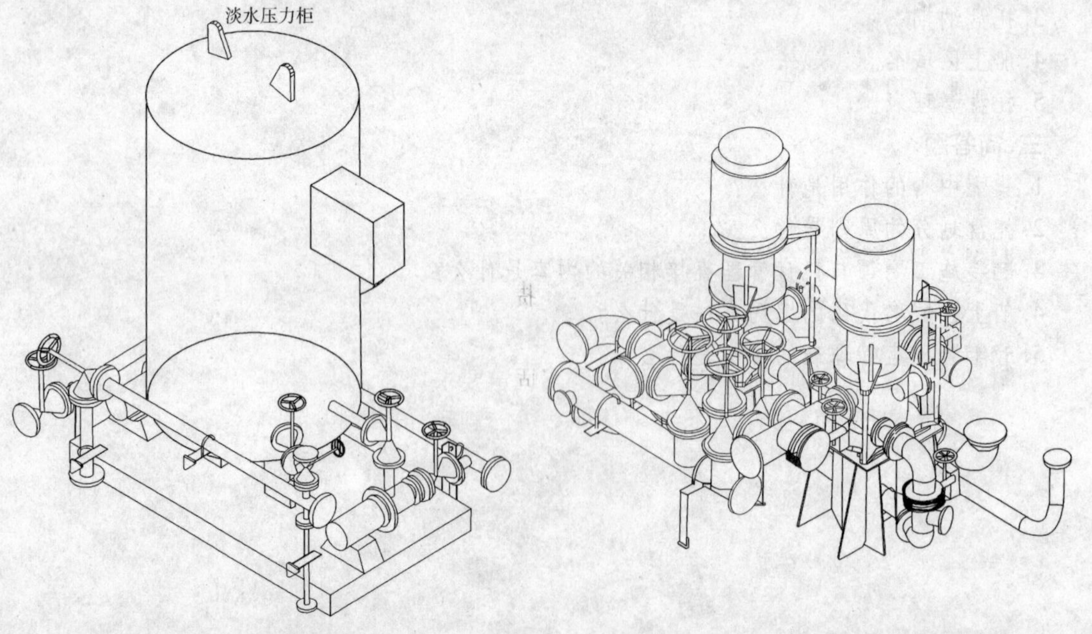

图6-1　液体压力柜　　　　图6-2　机舱舱底压载、消防单元模块

单元模板的特点是以某一舾装件为主体，其他舾装件依附其上而形成一个组合体，或者是

以一定框架、基座或其他连接件，将若干舾装件连成一个整体，是一个与船体结构脱离的基本舾装区域。

因为与船体结构无关，所以单元模块组装可以在车间内进行，作业条件较好。同时由于不受船体作业的干扰，工期容易得到保证。

单元模块按其加工、制作、安装的方法可分为管子单元模块；功能性单元模块；区域性单元模块；综合性单元模块。

1. 管子单元模块

管子单元模块是以管子、阀件等为主组成的单元模块。主要包括各种蒸汽阀、压缩空气阀、减压阀、温度调节阀等与管路所组成的集合器单元模块，油船甲板走桥管子单元模块，油舱柜中的加热管单元模块，泵舱货油管、洗舱管、加热管、压载管组成的单元模块。

2. 功能性单元模块

功能性单元模块是以具有一定专用的、独立性很强的设备为主体，连接管路、附件、电器、铁舾件等组成一体，而且具有独立功能，独立运转实验、交验的单元模块体。该种单元模块技术性能强、操作方便、质量可靠，如燃油、滑油、净油机单元模块，燃油供给单元模块，冷热水压力缸单元模块，各种单体油水箱柜单元模块等。

3. 区域性单元模块

区域性单元模块是一种较大型化、完整性强的整体单元模块，是一种提高生产效率、见效快、效益好的预舾装形式，如发电机区域组成一个整体单元模块，机舱内底区域组成一个整体单元模块，烟囱区域连同结构一起组成一个整体单元模块等。

4. 综合性单元模块

除了上述三种类型以外的单元模块可以统称为综合性单元模块。如雷达桅、灯桅、惰气排放柱单元模块，物料架单元模块，交通装置单元模块，通风装置单元模块，系统装置单元模块等。

根据模块定义，船体分段、船上区域和预舾装单元，都可以称为造船模块。根据模块与船体的结构关系，舾装模块可分为自持式模块和依附式模块两大类。

自持式舾装模块原先是分段或船上的预舾装单元，它具有独立的基座或框架结构，可以在内场预制，完工后在外场安装到船上，使预舾装单元升级为造船模块。从设计与建造的角度来看，自持式舾装模块是真正的模块。我们在这里提及的单元模块属于自持式模块。自持式舾装模块实现了壳舾分离。

依附式舾装模块，因其设备布置范围较广或固定要求较高，实际建造中要以船体分段或船上区域的结构为依托，模块的预制性受船体建造进度制约，但其设备的可选性和单元的通用性与自持式舾装模块相同，因而可以称为图面造船模块。如船员舱单元、油水分离单元、疏排水单元等。

第二节　单元模块组装的集配管理

集配管理是托盘管理中的重要一环，为此工厂应建立相应的集配中心。单元模块组装的集配管理主要包括：设备的集配管理、阀件的集配管理、成品管的集配管理、自制舾装件的集配

管理和辅助材料的集配管理等。

1. 设备的集配管理

集配人员要按设备托盘里的内容，根据计划安排和单元模块相关的建造工序流程，配置设备托盘。托盘里设备配置要完整，然后由集配人员送到单元模块组装场地，并与单元模块制作人员建立交接制度，如果个别设备订货未到，应做好记录，来货后马上送到。

2. 阀件的集配管理

集配必须有物资供应的保证，阀件属于外购管系附件，生产管理部门要根据单元模块组装要求编制到货纳期计划，否则配不全使外场安装工作顺利进行的一只只托盘。根据纳期计划和托盘表，进行到货接收和托盘集配。

3. 成品管的集配管理

由于成品管是船厂自己加工制造的，一般从内场到集配中心时已经按托盘整理好，所以要进行好交接、清点和存放工作。

根据船只划分存放区域，按需求顺序进行存放，确保物流流动的通畅，存放托盘要整洁、有序，有铜管等软管时要合理存放、合理保护。

管子入库前要按流程卡和图纸清点数量、规格、外观、质量、端面封堵情况，若有不符合要求的，则拒绝入库，并查看管件托盘号、管件号标记是否清楚。管子成品存放期间，要按船只、区域、系统对号入座，严加管理，防止丢失和腐蚀。发放管件时，严格手续，按图纸证件数量发放，交接双方均在场，清点后由双方签字，填写清楚管子托盘交接单，按规定要求配送到位。

4. 自制舾装件的集配管理

舾装件可以分为自制件（船厂自己制造）、外协件（由外厂按船厂的图纸、技术要求生产制造）和外购件（即市场品或由公司和工厂指定的舾装件专业厂生产的标准产品）。基座、管子、管子支架及单元框架等属于自制件，应编制相应的舾装件生产制造计划，按时完成。若出现不能按时完成的情况，应及时反馈到生产部门以便适当地修改进度计划或采取其他有效的措施，以保证单元模块的组装进度。

5. 辅助材料的集配管理

辅助材料主要包括螺栓、垫片等管系附件，一般是外购件，应编制纳期计划，根据纳期计划进行接货验收，并根据托盘管理表进行集配。

第三节　单元模块生产作业管理

单元模块生产作业管理规定了单元模块制作过程中，各工序流程的作业内容、管理内容、技术要求、质量控制、安全生产等要求。

一、单元模块生产工艺流程

单元模块生产工艺流程如图 6-3 所示，模块产品工作流程如图 6-4 所示。

二、单元模块生产作业管理流程

单元模块生产作业管理流程如下：

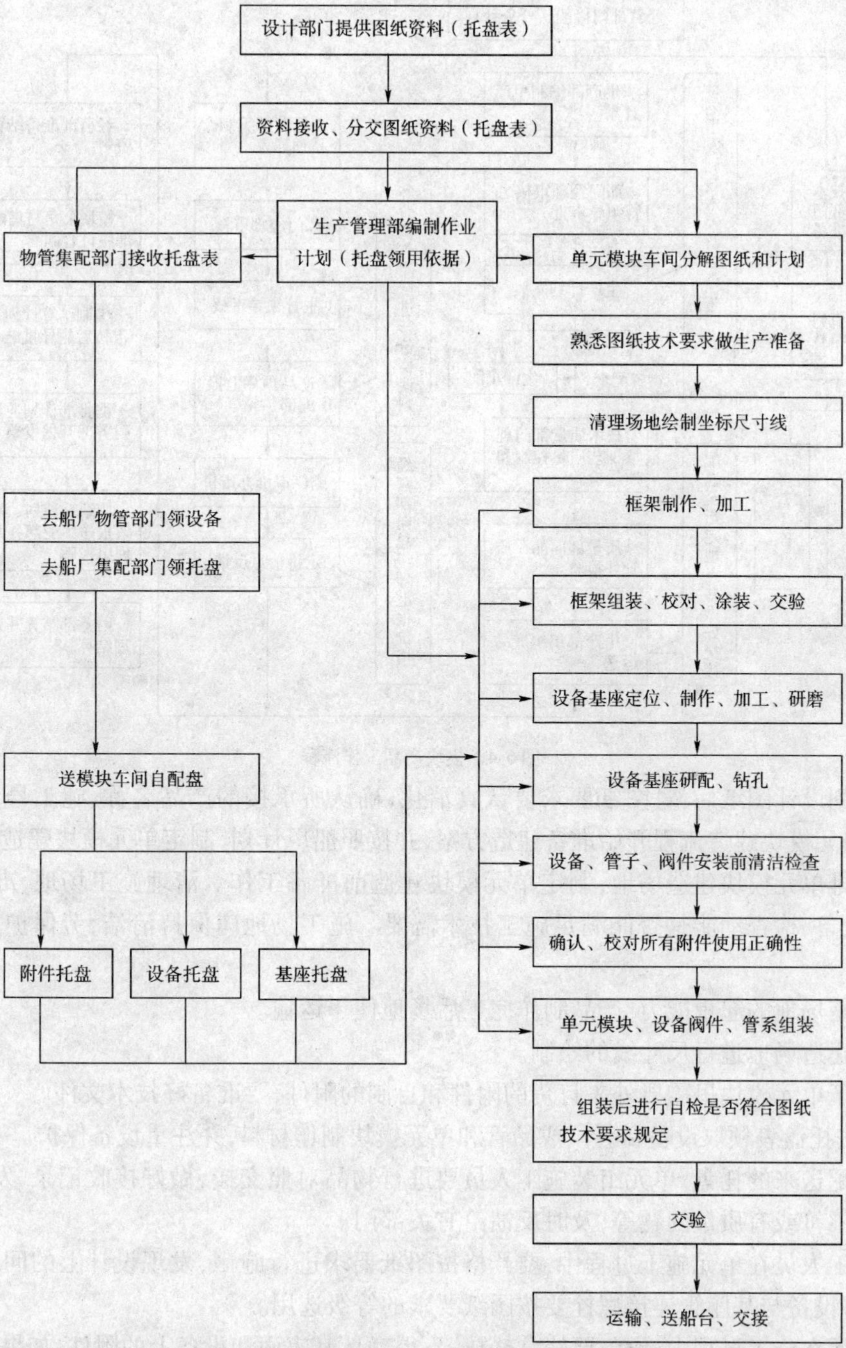

图 6-3　单元模块生产工艺流程图

(1)生产部门根据各船对单元模块的安装计划编制单元模块作业计划。生产作业计划即是多个生产作业步骤的合理序列。

(2)熟悉图纸,掌握单元模块图中的技术要点,对于整体单元模块,要在制作场地画出相关船中、肋骨、坐标等尺寸线。

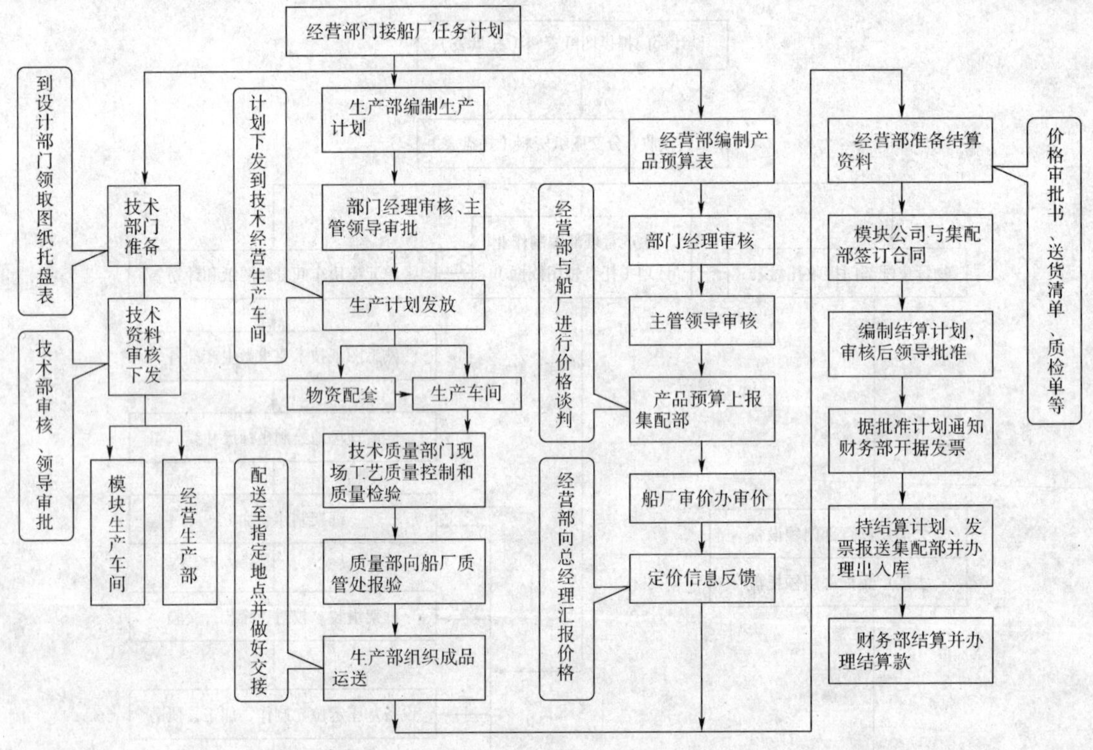

图6-4　模块产品工作流程

①接到设计图纸后，对图纸要求要认真消化，确认所承接的产品名称、施工号、图号等无误，按照单元模块建造流程开始准备建造方案，并按照船厂计划，制定单元模块建造日程表。

②安排单元模块建造场地，制定单元模块建造前准备工作。清理施工场地，准备施工工具、作业设备，检查动能是否能满足施工技术需要。施工场地应保持清洁，劳保护具齐全、可靠。

③清楚场地的起重能力，产品制作完工后场地便于运输。

④在建造场地进行尺寸线的绘制。

⑤对于单元模块里需要外来订货的附件和自制的附件，要准备好技术文件。

(3)按托盘表领取设备、阀件、成品管和单元模块制作材料，并注重设备保护。

①对配送来的托盘，单元组装施工人员要进行物品对照交接，做好接收记录，发现设备与设备样本不符或有质量问题等，及时反馈给有关部门。

②施工人员在单元施工过程中，要严格按图纸要求进行施工，发现设计上的问题，要及时反馈信息，设备与基座管连接螺栓要按图纸要求的等级选用。

③单元在施工过程中，设备要轻拿轻放，不得碰坏其表面和设备上的附件，如果发生碰坏，要及时修补。

(4)按图纸要求加工制作单元模块的基座和框架，校对检查结构件组装尺寸。

①框架可分为两部分，立体框架和平面框架，二者组立构成单元框架。

②基座的制作要按图纸尺寸，若与框架组立，必须按布置图的位置尺寸。整体制作一定要达到图纸尺寸要求，要保证各部件的横平、竖直。基座平面要保证水平，基座上的螺孔要参照

设备的孔距施钻。

③框架和基座的制作要认真核对材料、几何尺寸、组装标准，严格按图纸要求尺寸制作，如果图纸有误，要经过工艺人员或设计部门认可，方可修改。

④框架和基座焊接质量必须达到图纸要求和相关技术要求，加强产品表面质量。焊工必须有相应船级社认可焊证，焊接设备垫板必须保持状态完好，焊接要符合焊接规程要求，所有施工人员必须严格遵守安全生产操作规程。焊接过程和成品检验时，应对焊缝外观的质量进行检验。焊接不得有明显焊瘤、裂纹、未熔合、气孔存在，焊缝宽度不得大于坡口宽度2mm。

⑤基座在施工现场要排放整齐。

⑥基座制作完毕后要进行喷砂处理，然后涂二度防锈漆保护。

⑦基座要经过检查人员检测认可。

⑧横向、纵向角钢对接框架，根据图纸画线，定好位置，需用水平尺找好水平及角度，再进行点焊，要符合图纸标准规定。钢板与角钢下料时，根据几何尺寸在钢板与角钢上排板，先号长的，后号短的，进行依次安排，节约用料。角钢原则上用无齿锯切割，气割和无齿锯切割后，应打磨光顺，钢板尽量采取半自动或自动式切割。角钢要弯制90°或45°等，应划好切割线。切割后，进行打磨再合拢点焊，焊接弯曲度数据要准确，横向、纵向不能超差，表面要平整。

⑨按图纸要求，需涂装的框架，要做好除锈涂装，质检后要进行内检合格才能转到模块组装工序。

(5)研配设备基座、垫板、钻孔、安装设备。

设备要严格按设备样本里面的技术要求进行安装。二、三级设备安装时，应检查与基座的接触情况及连接螺栓的紧固程度。基座研配，先在平台上研基座垫板板面，研后钻眼。机体和垫板、支承裙预装，找正后施钻支承板面，组立一体进行连接。机体与垫板之间用塞尺检查，所有间隙留给垫板与支承裙平面。点焊后，对角方向施焊，要保证质量。框架制作检验记录表，如表6-1所示。

框架制作检验记录表 表6-1

编号：BSG/B-06-01 第 页

<table>
<tr><td>船号</td><td colspan="2"></td><td>图号</td><td></td></tr>
<tr><td>材料</td><td colspan="2">规格</td><td colspan="2">数量</td></tr>
<tr><td></td><td colspan="2"></td><td colspan="2"></td></tr>
<tr><td>校对框架坐标尺寸</td><td colspan="4">操作者： 日期：</td></tr>
<tr><td>组装几何尺寸</td><td colspan="4">操作者： 日期：</td></tr>
<tr><td>焊接质量</td><td colspan="4">操作者： 日期：</td></tr>
<tr><td>设备基座
研配记录</td><td colspan="4">操作者： 日期：</td></tr>
<tr><td>验收</td><td colspan="4">操作者： 日期：</td></tr>
</table>

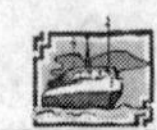

(6)安装管子阀件、管子支架和相关舾装件,并检验使用的正确性。单元施工中,管与管子连接要求符合管子安装规定,连接附件符合图纸规定,单元里设备口与管子连接时不得强制安装。安装完毕,设备口与管子连接处拆开,检查管子与设备的自由连接平行度。管子、设备装配记录表,如表6-2所示。

(7)设备管子阀件安装前必须检查和清理内部的杂物,使系统内保持清洁。

(8)电气专业设备、焊接件安装及接线。

(9)按系统进行密性试验并做好设备、管子端口的封堵。单元组装完毕,敞口部分用专用材料全部封堵,设备要用专用设备套包扎好。

(10)单元模块进行表面处理、涂装、包扎绝缘并进行自检。单元施工中,施工者要经常自查自检施工质量,检查人员要经常到现场检查监控施工质量,发现质量问题,及时改正。发生重大质量问题,除了要及时改正,同时还要组织施工人员进行分析,找出发生质量问题的根源,采取预防措施,杜绝重复发生。单元模块应进行整体表面质量检查,对不符合项进行修整,然后涂装。

(11)单元模块吊点设置、确认,分离点进行加强。

(12)对单元组装完整性进行检查,校对图纸技术要求。舾装件组装后进行总体尺寸测量,并填写模块完整性记录表,见表6-3。

管子、设备装配记录表

表6-2

编号:BSG/B-06-02　　　　第　页

船名			图号	
托盘号			区域号	
施工依据			外观(表面)质量	内部清洁情况
附件	规格			
	数量			
阀门装配及正确性				
管子装配及正确性				
设备装配及正确性				
记录者			日期	

模块完整性记录表

表 6-3

编号:BSG/B-06-03　　　　第　页

船名		图号	
按图纸技术要求	操作者:　　日期:		
组装完整情况	操作者:　　日期:		
自检结论	操作者:　　日期:		
备注			

(13)单元组合进行报验,向船厂质管部门交验。单元成品交接前,首先施工单位要自检,然后交检认可后,移交给单元接收部门,同时建立相关交接手续。施工项目自互检单如表 6-4 所示,模块质量交验单如表 6-5 所示。

施工项目自互检单

表 6-4

编号:BSG/B-06-04　　　　第　页

施工单位		班组	
船号		图号	
产品名称			
自检记录		互检记录	
自检结论		互检结论	
自检人		互检人	
自检时间		互检时间	

模块质量交验单

表 6-5

编号:BSG/B-06-05 第 页

<table>
<tr><td>产品名称</td><td colspan="2"></td><td colspan="2">船名</td><td></td></tr>
<tr><td>图号</td><td colspan="2"></td><td colspan="2">单元号</td><td></td></tr>
<tr><td>施工依据</td><td colspan="5"></td></tr>
<tr><td>检验方式</td><td>独立检验</td><td colspan="2"></td><td>联合检验</td><td></td></tr>
<tr><td colspan="6">交验记录:</td></tr>
<tr><td colspan="6">交验结论:</td></tr>
<tr><td>施工部门</td><td colspan="2"></td><td colspan="2">交验者</td><td></td></tr>
<tr><td>交验次数</td><td colspan="2"></td><td colspan="2">交验时间</td><td></td></tr>
<tr><td>检查员</td><td colspan="2"></td><td colspan="2">验收时间</td><td></td></tr>
</table>

(14)单元模块吊运前进行保护,确认无误。单元组吊运首先确立吊点,在完全可靠的情况下,再进行吊运,单元组在吊运过程中,要采取保护措施,可临时加强,确保吊区质量。不能损坏单元表面质量,所有产品要轻吊轻放,不能相互碰撞。

(15)按计划出厂后运输到现场。

三、管子单元模块生产作业管理

下面以管子单元模块生产作业管理为例,说明在管子单元模块建造过程中,各工序的作业内容、作业流程、管理内容、技术要求、质量控制、安全生产等。同时该内容适用于各类船舶及海洋工程的管子单元模块组装作业和管理时使用。

1. 管子单元的形成与特点

(1)管子单元的形成。所谓管子单元,就是把船上各区域管子、管附件、地板框架等进行总体布置,按照不同的部位和用途分成若干个管子制作单元(如:油船主甲板上走桥管子单元、机舱底部花地板下主机两侧管子单元、发电机平台管子单元、油舱油柜加热管单元、各种减压阀集合器管子单元等),然后绘制成相关管子单元组装制作图,在车间等地进行管子单元的建造,各管子单元除了要满足相关管路技术要求,同时还要满足管子单元制作和船上安装的工艺性。

(2)管子单元主要特点。通过改变完成生产过程的条件,将以往大量在船内散装的管子,提前在地上或厂房里组装成一个个单元,这样可以利用的施工场地多,可以进行集中作业,加快了施工的进度。采用管子单元预舾装工艺方法,方便了生产技术准备和生产管理,优化了劳动组织,简化了工艺程序,提高了工人专业化技术水平。管子单元还可以与船体分段建造平行或提前进行,极大地缩短船台(坞)的建造周期,为总装造船的壳舾涂一体化创造了条件。

2. 管子单元组装的分类

管子单元按机舱底部花地板下主机两侧管子单元、发电机平台管子单元、油船主甲板上走桥管子单元、油舱油柜加热管单元、各种减压阀集合器管子单元等类型划分成不同的工艺流程进行加工。

(1)油船主甲板上走桥管子、平台甲板、油舱加热管等单元。该类型单元分布在机舱平台和甲板各个部位,安装位置分散,单元制作、吊运过程中加强等都有一定的特点,由专业的施工人员建造。他们经常到施工现场,了解各类船舶特点,把单元安装过程中容易发生的问题提前消除掉,提高安装质量。油舱油柜加热管单元、各种减压阀集合器管子单元可按集中流水作业的形式进行加工组装。

(2)机舱底部花地板下主机两侧管子单元。该单元特点是管子多、附件多、空间间隙密集、施工精度要求高,为了保证单元的建造质量,必须与机舱底部其他类型的单元一起进行整体建造,然后按要求分开吊运。

3. 管子单元组装工艺流程

管子单元组装工艺流程如图6-5所示,主要包括以下几个方面:

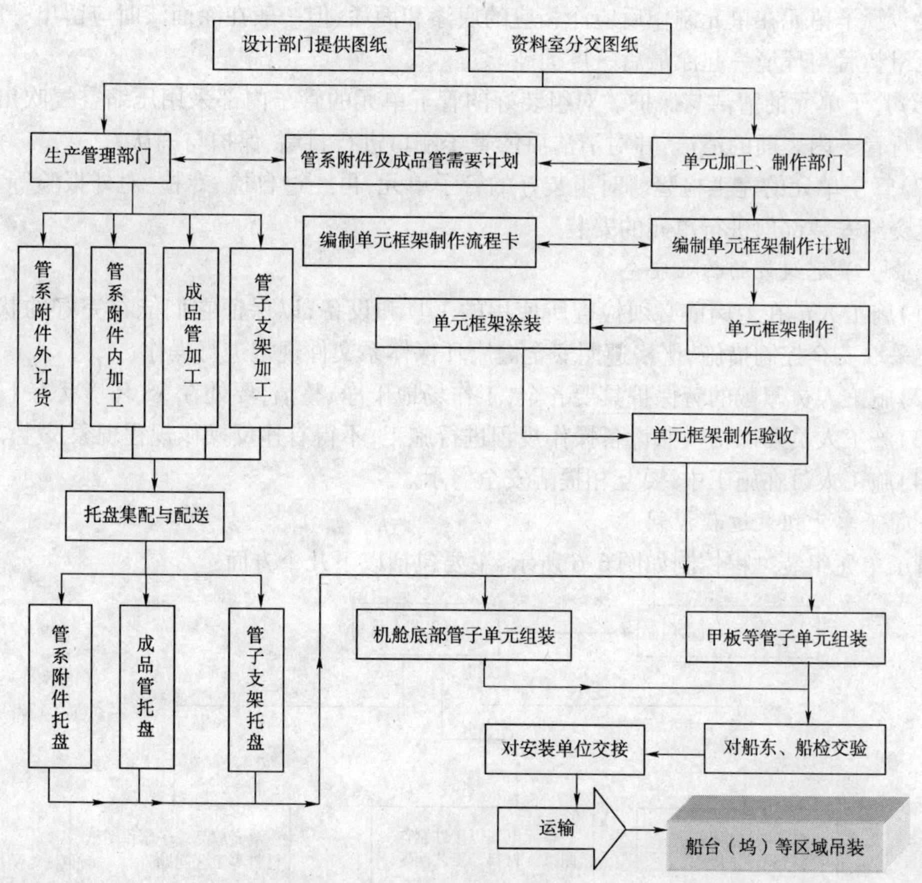

图6-5　管子单元组装工艺流程图

(1)编制管子单元组装制作计划。单元加工、制作部门要根据管子单元加工、制作图纸证件和船舶建造对管子单元供货的需求计划,编制单元中阀件、螺栓、垫片等外购管系附件的纳期计划和管子、框架、管子支架等自制件的加工、制作计划及单元组装的计划。

(2)管子单元自制件的加工、制作。按照管子、管子支架、单元框架等自制件的加工、制作计划和所提供的图纸、托盘表等进行管子、管子支架及单元框架等自制件的加工、制作。

(3)外购件、自制件的集配管理。按照单元中阀件、螺栓、垫片等外购管系附件的纳期计划和管子单元托盘表,组织进行阀件、螺栓、垫片等外购管系附件的到货接收和管子、管子支架及单元框架等自制件的托盘集配。

(4)管子单元组装的加工、制作。管子单元组装一般是在专用的单元组装厂房与场地进行,其小型的管子单元,如:集合器管子单元还可以在通用的钢板式组装平台上进行组装。油轮甲板走桥上的管子单元,因其平面几何尺寸比较大,为了吊运方便,可在船坞或船台吊车作业范围内临时场地进行,以便于管子单元的吊装。单元吊装前应进行必要的吊装加强,以保证单元在吊装过程中不被损坏。总之要按照管子单元的分类,进行管子单元组装加工、制作的专业化生产。

(5)管子单元的涂装。按照船舶不同区域、不同管路的涂装要求对组装后的管子单元进行涂装。管子单元在单元制作后应涂相应的底漆和面漆,但一般在涂面漆时应留出一度面漆,待单元组装后与环境一起涂最后一度面漆。

(6)管子单元的清洁与保护。对组装好的管子单元的管子内部采用压缩空气吹出等清洁方法进行管子内表面的清洁,并对清洁后的管子端口进行封堵、保护与确认。

(7)管子单元的完工检验。对组装好的管子单元,再经过自检、专检、对外报验等,最后经过转运交给安装部门进行单元的安装。

4. 管子单元组装的作业安全

(1)施工人员在上岗前必须检查所使用的工具和设备,以保证它们能在完好的状态中工作。要采取安全控制措施,严格遵照安全健康环保体系文件规定进行操作。

(2)施工人员佩戴的劳保护具要齐全,工作场地干净、整洁,要处在5S环境状态下工作。

(3)施工人员要严格按照设备操作规程进行施工,不得有违反操作规程现象发生。

(4)施工人员在施工中,要互相提醒安全警示。

5. 管子单元组装过程控制

管子单元组装过程控制如图6-6所示,主要包括以下几个方面:

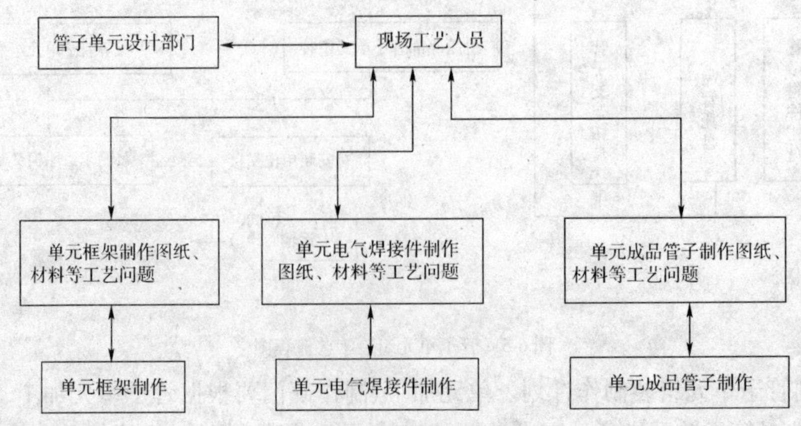

图6-6 管子单元施工过程控制图

(1)管子单元框架制作要求。

①管子单元框架要严格按图纸要求尺寸制作,如果图纸有误,要经过工艺人员与设计部门联系认可后,方可修改。

②管子单元框架在制作过程中,为了防止变形,可以适当增设临时加强。

③管子单元框架材料不得随意更换,材料需代用须经过设计或工艺人员的同意,并有代用单或设计、工艺员签字。

(2)管子单元电气焊接件制作要求。

①电气焊接件要严格按图纸标注的尺寸和工艺要求进行制作和安装,与管子单元框架焊接要牢固。

②电气焊接件材料不得随意更换,材料需代用须经过设计或工艺人员的同意,并有代用单或设计、工艺员签字方可更换。

(3)管子单元管子制作要求。

①管子加工要求按照企业相关船舶管子加工和安装质量要求进行。

②管子材料不得随意更换,材料需代用须经过设计或工艺员的同意,并有代用单或设计、工艺员签字。

③涂塑管制作要按企业相关钢管环氧涂塑技术要求进行。

④管子处理完毕,搬运过程中不得有砸碰现象,发生碰损要及时修补。

(4)管子单元组装作业要求与工序。

①管子单元组装作业中的作业内容、技术要求、管理内容和作业基准按表6-6提出的具体要求执行。

管子单元组装作业要求 表6-6

序号	作业工序	作业内容	技术要求	管理内容	作业基准
1	作业准备	(1)接到设计图纸后,对图纸要认真消化,确认所承接的产品名称、施工号、图号、材料等无误,按管子单元组装流程开始制定建造方案; (2)清理施工场地、准备施工工具、检查作业设备及动能是否满足施工需要	(1)按照图纸技术要求和相关工艺文件进行先期准备; (2)要准备好单元里需要外订货的管系附件和自制的管系附件等相关技术文件; (3)检查单元制作设备及动能的施工技术状态	(1)按照公司需求计划制定单元组装计划; (2)安排单元组装场地,做好单元组装前准备工作; (3)施工场地应保持清洁; (4)环境清理符合5S管理规定; (5)劳保护具应齐全、可靠	(1)确认材料的规格、型号、材质符合施工图纸设计要求; (2)清楚场地的起重能力,以便产品制作完工后便于单元的移出和吊运

续上表

序号	作业工序	作业内容	技术要求	管理内容	作业基准
2	管子制作	(1)管子制作施工按工艺人员核算好的管材数量及规格领取材料; (2)清理场地; (3)按图纸工艺文件要求,进行成品管子制作; (4)每根管子要标注件号; (5)管子成品要符合管子加工要求	(1)管子材料与图纸要求的材料要相符; (2)管子材料与流程卡应相符; (3)管子制作要按管子加工工艺要求进行; (4)特涂与涂塑管子加工按《钢管环氧涂塑技术要求》进行; (5)管子表面处理按图纸要求进行	(1)按工艺流程卡领取单元所需的材料并做好记录; (2)材料应摆放整齐合理; (3)不锈钢摆放不要与碳钢混放在一起,要与碳钢类材质有一定距离; (4)成品件、有色金属件应注意保管不要丢失	(1)管子加工按《船舶管子加工和安装质量要求》执行; (2)特涂与涂塑管子加工按《钢管环氧涂塑技术要求》执行
3	单元框架制作	(1)按工艺流程卡领取材料; (2)按图纸尺寸场地画线; (3)按图纸要求制作单元框架; (4)框架制作完毕与地线复位; (5)框架焊接处打磨处理	(1)框架制作后要进行喷砂处理,然后喷防锈漆保护; (2)框架不得变形,正负尺寸公差3mm; (3)重新焊接处涂防锈漆; (4)成品框架涂一度面漆	(1)单元框架要按照前后左右顺序摆放整齐; (2)框架要经过检验人员检测认可	(1)依据设计图纸施工; (2)检测手段必须符合图纸要求; (3)焊接按《船舶建造船体舾装件精度要求》执行
4	集配	(1)按托盘表里内容配置各种托盘; (2)按计划要求,托盘送到单元施工现场; (3)及时做好缺件补充配送	(1)依据托盘表内容和要求进行配盘; (2)托盘里物品要齐全,缺项做好记录	(1)托盘配送与施工单位建立交接制度; (2)对单元里容易损坏的物件,采取保护措施	(1)按照计划要求进行托盘配送; (2)检查托盘中的物料正确与否
5	单元装配	(1)整体总组的管子单元组装要划地线; (2)按两个单元流程(机舱底部单元组装流程,机舱各平台、主甲板上单元组装流程)分别组装; (3)按照整体总组单元组装图的要求,把框架先连成一体并与场地结构线复位,然后再组装单元里管子、附件等; (4)组装前,要严格清理管内、附件内脏物	(1)整体总组单元框架连接可作临时焊接; (2)要保证单元里管子、附件等安装尺寸; (3)单元吊装前可作适当加强,保证单元不变形; (4)与船体结构连接的框架支腿,油漆要留出50mm焊接余量; (5)单元组装完毕,按要求至少整体涂一度面漆	(1)上道工序转下来的加工成品要做好交接记录,检查成品与设计图纸是否一致; (2)托盘配送的成品舾装件、管附件等摆放整齐,符合5S管理要求; (3)管系附件要保证不损坏和不丢失; (4)单元组装完毕,要进行自检、专检,再对外报验	(1)按工序和工艺流程进行施工; (2)按单元设计图纸作为施工依据; (3)按相关作业基准进行施工

②管子单元组装作业工序。管子单元组装作业工序如图6-7所示,可分为生产准备阶段,管子等舾装件加工、制作阶段,管子、管子附件等舾装件托盘配送阶段和管子单元组装四个阶段。

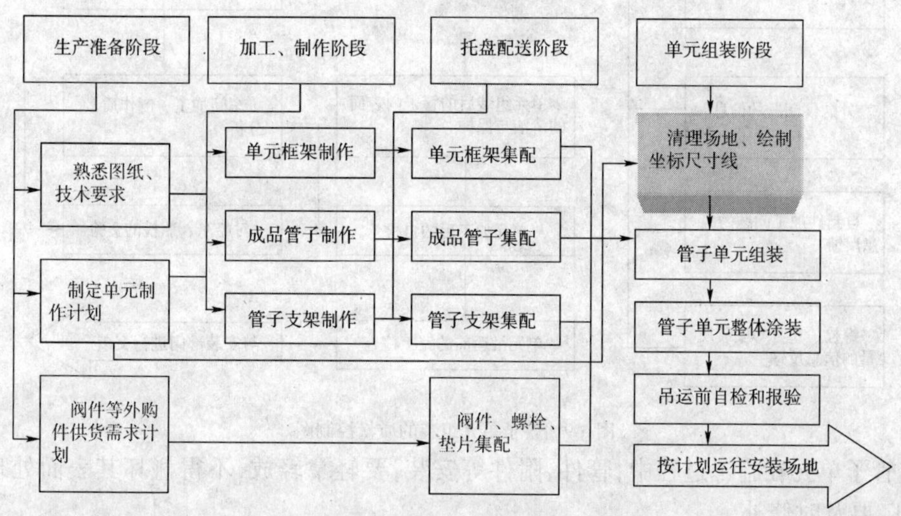

图6-7 管子单元作业工序图

6. 管子单元托盘的配送管理

(1)按管子单元制作计划,以单元为单位进行成品管子、阀件等,管子附件、单元框架和管子支架的托盘配套与配送,并运送至管子单元制作场地。

(2)托盘的配送管理如图6-8所示。

(3)各种托盘配套要完整,确实因到货等原因,暂时未配齐的个别舾装件、管子与附件应做好交接记录,跟踪落实及时补充配齐。

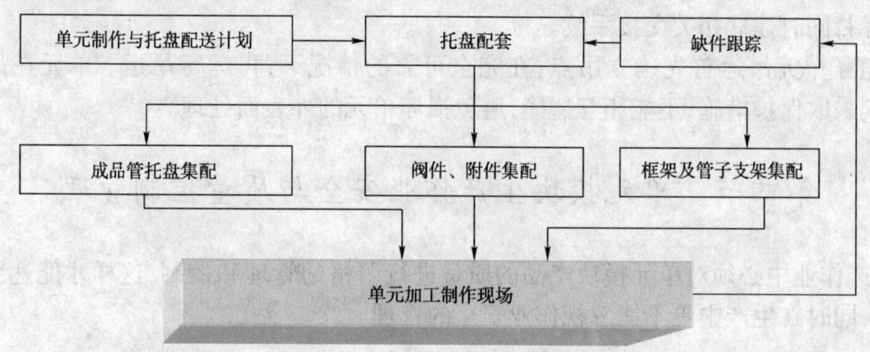

图6-8 管子单元托盘集配管理图

7. 管子单元组装的质量控制

管子单元组装的质量控制如图6-9所示,主要包括以下几个方面:

(1)管子单元组装施工人员对集配部门配送来的管系附件托盘、管子托盘、管支架等托盘,要进行物品的清点和交接,做好交接记录,发现材料不符、加工质量问题等,及时反馈给有关部门。

(2)施工人员在管子单元施工过程中,要严格按图纸要求进行施工,发现设计上的问题,

要及时反馈信息,垫片、螺栓等按管系图纸要求选用。

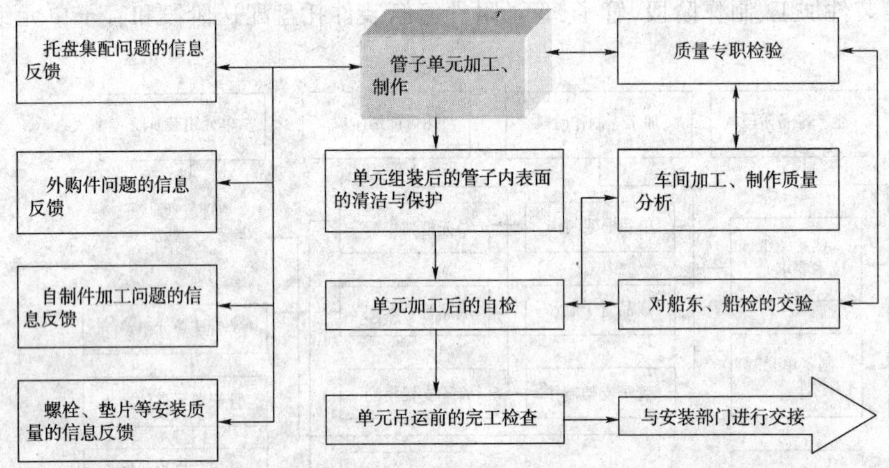

图 6-9　管子单元组装的质量控制图

(3)管子单元在施工过程中,管件、附件等安装,要轻拿轻放,不得碰坏其表面处理,如果发生碰坏,要及时修补。

(4)管子单元在施工过程中,施工者要经常自查自检施工质量,检查人员要经常到现场检查监控施工质量,若发现质量问题,及时改正。

(5)管子单元在施工中发生质量问题,除了要及时改正,同时还要组织施工人员进行分析,找出发生质量问题的根源,采取预防措施,杜绝质量问题的重复发生。

(6)管子单元组装完毕,对滑油系统的管子要重新进行清理,其他管子也要按要求进行内表面的清洁,然后将管子敞口部分用专用材料全部封堵完整。

(7)管子单元成品交接前,施工单位首先要自检,然后报验交船东,船东认可后,移交给单元接收部门,同时建立相关交接手续。

(8)管子单元吊运首先确立吊点,在完全可靠的情况下,再运行吊运。单元在吊运过程中,要对其采取保护措施,不能相互碰撞,避免损坏单元的外表面处理。

第四节　单元模块生产作业安全与质量控制管理

在生产作业中必须对单元模块产品的质量进行严格的管理和控制,这样才能达到要求的质量标准,同时在生产中更不能忽视作业安全的管理。

一、作业安全管理

1. 备料阶段

(1)为生产施工做好场地准备,保证场地整洁,各种放样工具摆放有序。

(2)对一些样板的边角要及时处理,以免刺伤。

(3)图纸要保持干净,不得丢失。

2. 号料阶段

(1)进行号料进板时,必须认真检查卡具和钢索是否符合安全规范要求。

(2)吊运过程中,要确保安全施工,包括吊运上平台及完工后的转运等。

3. 切(气)割阶段

(1)施工前,要检查设备和吊具、钢索钩是否安全可靠,按操作规程进行施工。

(2)施工中,严格执行剪刀和电气焊的操作规程,对氧气表和乙炔表及传输带进行定期检查,如发现问题要及时修复或更新。

(3)剪切后的材料要摆放整齐,以防伤人。

4. 钻孔阶段

(1)按钻眼床安全操作规程工作。

(2)钻眼必须由钻眼工操作,装配工配合。

5. 装配阶段

(1)让多面手和有经验的人来操作。

(2)点焊时要戴防护帽和防护镜。

(3)管子装配时,工具、量具、吊具按安全操作规程进行作业。

(4)按设备装配要求进行安全操作。

6. 焊接阶段

(1)严格按焊工安全规程施工,要检查好电焊工具是否安全可靠,焊接过程中要注意安全。

(2)焊接时要用防护板,避免电弧光伤人。

(3)对高大管支架要加安全保护措施。

(4)收工前要先关闭电源,再收拾好现场。

7. 打磨阶段

(1)打磨前,要检查打磨工具是否安全可靠。

(2)打磨时,要戴好防护镜和其他护具,注意打磨过程的安全。

(3)打磨管支架时,要用支腿顶住,以免倒后伤人。

8. 整型阶段

(1)施工环境和过程要符合安全规范。

(2)火工整型要严格按火工安全操作规范施工,冷压整型要严格按冷压安全操作规范施工。

9. 涂装阶段

(1)注意周边,不能把油漆涂到其他地方。

(2)喷漆过程中戴好劳保护具,翻搬过程中注意不要被砸伤、碰伤。

10. 交验入库阶段

(1)项目完工后,对成品要轻拿轻放。

(2)入库产品要摆放整齐,对不平的物件要垫好,防止碰倒伤人。

二、质量控制管理

首先制定质量标准,在管理中,主要针对人员、设备、过程和环境进行控制。

1. 备料阶段

(1)认真看好图纸及要求。

(2)字迹工整,填写料卡的字迹要清楚正确,草图规范。

(3)经检验无误后,方能下料。

2. 号料阶段

(1)材料牌号准确,板面无缺陷。

(2)号料的尺寸要符合零件的公差范围。

(3)大批量的项目要做样板样杆。

3. 切(气)割阶段

(1)所有切割的粗糙度必须达到图纸技术要求。

(2)不允许有明显的风线痕迹和缺肉现象。

(3)所有切割后的材料尺寸不得超出零件的公差范围要求,并逐一进行检查。

4. 钻孔阶段

(1)点冲的位置要标的清楚,眼的大小要书写明白。

(2)贴卡子,画好位置。

(3)孔的公差要求在规定的范围。

5. 装配阶段

(1)操作人员需按技术等级标准考核合格后持证上岗。

(2)严格按装配流程进行。

(3)装配后要进行检验,完全达到图纸要求。

(4)装配成品时,螺栓、螺帽和垫片要拧紧。

6. 焊接阶段

(1)严格按焊接规范进行焊接。

(2)要求焊肉平整,注重焊接表面质量,不能有咬肉、缺肉和两边高中间低的现象。

(3)如有问题要及时纠正,重新焊接,用气刨打磨好焊缝,保证焊道清洁后才能施焊。

7. 打磨阶段

(1)要求焊肉打磨圆滑光顺,而且焊肉要一样宽。

(2)打磨焊缝时,要保证焊缝光直且四面圆滑不划手。

(3)内角要光顺。

8. 整型阶段

(1)整型后的物件要符合图纸和料卡的要求,达到公差尺寸范围。

(2)严禁超高温多次烤火处理。

(3)交验必须冷却后进行。

9. 涂装阶段

(1)涂装时要求均匀,不能出现流淌等现象。

(2)可进行喷涂,喷后由专职人员检查方可通过。

10. 交验入库阶段

(1)要保证油漆的完好,入库时要检查油漆的质量,达到标准后方可入库,同时要进行逐个清点,由仓库人员验收。

(2)对成品入库须盖有专职人员的印章。

11. 实例

单元模块装配质量控制作业指导书。

(1)范围。本指导书规定了设备、管子、附件装配质量标准、控制内容与要求。本指导书用于模块生产基地、或用于船舶产品装配工序。

(2)引用标准。《中国造船质量标准》(CB/T 4000—2005)。企业管子加工和安装施工要求。

(3)质量标准。管子装配质量标准包括：

①法兰面及其螺孔的安装偏差应符合安装施工要求。

②法兰垂直度≤0.5mm、螺孔偏差<±1mm(或±0.5°)。

③法兰与管端面焊接间距为 $k+1$ (k 为焊角高度)。

④分支管与母管角度±0.5°、支管位置偏差≤1mm。

⑤开孔符合安装施工要求规定。

⑥附件使用正确。

⑦法兰密封面不允许有影响密封的缺陷。

⑧按图纸设计要求选择垫片,不准随意代用。

⑨法兰连接螺栓紧固后,螺栓螺纹应伸出螺母1~3螺距。

⑩止回阀按规定安装。

设备装配质量标准包括：

①设备安装垂直度±3mm。

②垫片厚度钢质≥12mm、环氧垫≥20mm。

③设备安装,垫片与基座间间隙及接触面积:一级≤0.05mm、垫片接触面积≥60%;二级≤0.08mm、垫片接触面积≥50%;三级不限、紧固可靠。塞尺允许插入深度不大于10mm。

(4)控制内容与要求。

①人员。操作人员需按船舶工业总公司工人技术等级标准考核合格后持证上岗。

②设备、量具。

a. 管子装配平台设专人负责维护保养,责任者每日进行一次检查保养,班长每周进行一次抽查,保持平台清洁准确;

b. 配齐装配使用的工具(钢尺、卷尺、水平弯尺、卡尺等),并具有合格证,工具按规定送检,不合格的工具及时更换,保持工具精确度。

③材料。

a. 装配时,发现缺少的管子不允许自行找材料代用,需反馈上道工序,根据技术要求重新备料;

b. 装配使用的焊条需装保温箱,不允许散放。

④装配。

a. 装配前检查管子标记:管子附件的图号或型号的正确性,管子规格、材质、长度的正确性,管子弯曲度、转角、椭圆度和皱折度的正确性;

b. 经检查确认合格后,根据图纸给定的坐标尺寸、附件图号或型号,进行支管和附件装配;

c. 经检查不合格的管子和附件返回上道工序处理;

d. 装配时,阀件注意流向正确性,看阀体上标注的箭头,无指示的一般低进高出;监测仪表都应该安装在被监测设备的附近;

e. 阀件并联布置或单联布置时,考虑手轮间距不得少于30mm,止回阀、安全阀只允许安装在水平敷设管路上,不得倾斜,保证阀件使用。

⑤检验。

a. 自检,操作者对上道工序的质量和本工序的质量进行检查,确认合格方可按图纸进行装配,并填写记录表;

b. 互检,班组长负责对本工序的质量进行抽查,确认合格后,在自互检单上签字;

c. 专检,检验员负责对装配质量进行专检,确认合格后,在交验单上签字;

d. 经自检、互检、专检并确认合格的管子方可转入下道工序。

⑥考核。车间按照质量考核办法进行考核,凡完不成质量指标的,按规定进行处罚。

⑦技术证件。

施工使用的图纸、工艺规程、工艺流程卡要妥善保管,不得涂改、毁坏和丢失。

⑧不合格品。

a. 施工中发生的不合格品,要做明显的标识,并进行有效隔离,防止不合格品流入下道工序;

b. 发生不合格品后,要进行质量分析,采取"三不放过"措施;

c. 根据不合格品评审后做出的处置决定,组织再生产。

⑨质量信息。

施工中发现的图纸、工艺规程、材料和上道工序的质量问题,要填写质量问题处理单,需要整改的问题要填写质量问题整改通知单。填写的质量信息反馈单,要及时反馈给车间质量管理员,按有关部门和有关人员做出的处理决定再进行施工。

质量问题处理单、质量问题整改通知单及质量信息反馈单形式见表6-7～表6-9。

质量问题处理单 表6-7

编号:BSG/B-10-01 第 页

产品名称		部位	
反馈人		日期	
信息内容描述: 签名: 日期:			
质管员处理意见: 签名: 日期:			
质管科长意见: 签名: 日期:			
公司领导意见: 签名: 日期:			
处理结果的验证: 签名: 日期:			

质量问题整改通知单

表 6-8

编号:BSG/B-10-02　　　　第　　页

<table>
<tr><td>责任部门</td><td></td><td>责任人</td><td></td></tr>
<tr><td colspan="4">质量问题事实描述:</td></tr>
<tr><td colspan="4">技术部门意见:

签名:　　　年　　月　　日</td></tr>
<tr><td colspan="4">原因分析:</td></tr>
<tr><td colspan="4">纠正措施:</td></tr>
<tr><td colspan="4">整改效果验证:

签名:　　　年　　月　　日</td></tr>
</table>

质量信息反馈表

表 6-9

编号:BSG/B-10-03　　　　第　　页

客户单位	产品名称	反馈形式	反馈时间
客户反馈情况			
现场勘查情况			
营销科意见			
主管领导批示			

⑩环境。

施工现场要实行质量管理,保持道路畅通、清洁整齐、文明生产。

管子装配作业程序,见表 6-10。

管子装配作业程序

表 6-10

序号	作业工序	作业内容	技术要求	管理内容	备注
1	装配前准备	识图,检查管件、附件是否满足图纸要求,达到质量要求后准备组装	根据图纸进行组合	准备相应的工具和吊具等	按指导书相关内容作业
2	装配	根据图纸要求,将管子、附件送到施工场地,按工艺要求进行装配	按作业指导书要求	使用经检验合格的工具、量具,吊具按安全操作规程作业	按指导书相关内容作业
3	运转	持证吊运,确定管件重心、重量,选择吊具,正确吊运	持证吊运,确定管件重心、重量,选择吊具,正确吊运	正确指挥吊车吊运管件,确认吊运管件的安全性	根据吊运作业要求进行吊运作业

思考与练习 SIKAO YU LIANXI

一、填空题

1. 区域舾装法是现代造船的舾装方法。区域舾装法进行船舶舾装,是按照(　　　　)的方式进行船舶设备、系统的安装。

2. 现代造船将船舶舾装按船上大区域和作业内容分为(　　　　)、(　　　　)、(　　　　)和(　　　　)。与区域舾装法的任务分解相一致,舾装设计与舾装生产都采用(　　　　)的组织形式,以利于按区域协调设计与生产的关系。

3. 单元模块按其加工、制作、安装的方法可分为(　　　　)、(　　　　)、(　　　　)及(　　　　)。

4. 单元模块组装的集配管理主要包括:(　　　　)的集配管理、(　　　　)的集配管理、(　　　　)的集配管理、(　　　　)的集配管理和(　　　　)的集配管理等。

5. 雷达桅、灯桅、惰气排放柱单元模块,物料架单元模块,交通装置单元模块,通风装置单元模块,系统装置单元模块属于(　　　　)单元模块。

二、名词解释

1. 单元模块。

2. 功能性单元模块。

3. 预舾装。

4. 壳舾分离施工法。

5. 自制件、外协件和外购件。

三、简答题

1. 船舶建造发展的五个阶段是什么?
2. 船舶舾装的发展过程是什么?
3. 单元模块的特点是什么?
4. 单元模块组装的优点是什么?
5. 单元模块生产作业管理规定了哪些方面内容?

参考文献

[1] 周启学.船舶生产设计[M].北京:人民交通出版社,2007.
[2] 汪明.预舾装和托盘管理[J].造船技术,1988(2).
[3] 陈彬.造船成组技术[M].哈尔滨:哈尔滨工程大学出版社,2007.
[4] 高介祜等.现代造船工程[M].哈尔滨:哈尔滨工程大学出版社,1998.
[5] 刁玉峰.船舶舾装工程[M].哈尔滨:哈尔滨工程大学出版社,2006.
[6] 魏莉洁.船舶建造工艺[M].哈尔滨:哈尔滨工程大学出版社,2010.
[7] 龚海燕.造船工程管理[M].哈尔滨:哈尔滨工程大学出版社,2009.
[8] 黄广茂.造船生产设计[M].哈尔滨:哈尔滨工程大学出版社,2007.
[9] 丁文英.现代生产管理[M].北京:冶金工业出版社,2008.
[10] 于文波.浅析国有造船企业人力资源管理[J].科技创业,2010(7).
[11] 时凤俊.现代修船管理[M].北京:国防工业出版社,2008.
[12] 刁玉峰.船体生产设计[M].北京:人民交通出版社,2002.